Eberhard Storz

WARM-UP

tredition®
www.tredition.de

Meinen Dank an alle „Performer" unterschiedlichster Couleur, die mitgeholfen haben, diese „Rituale" zu entwickeln.

EBERHARD STORZ

FIT FÜR DEN AUFTRITT

und jede vergleichbare

Prüfungs/Stess-Situation

WARM-UP

Speziell: Vocal Warm-Up
für StimmbenutzerInnen

 tredition®
www.tredition.de

Impressum

© 2016 Eberhard Storz

Verlag: tredition GmbH, Hamburg

ISBN

978-3-7345-3287-0 (Paperback)
978-3-7345-3288-7 (Hardcover)
978-3-7345-3289-4 (e-Book)

Printed in Germany

INHALT

ZUR EINSTIMMUNG

MORGENSTUND

Wenn Sie sich beim Aufwachen völlig „entspannt im Jetzt und Hier" fühlen, ist das eine wunderbare Sache. Leider gibt es da zwei kleine Haken:

Einerseits gibt es in der totalen Entspannung keine Körperwahrnehmung, was vermuten lässt, dass Sie in diesem Zustand nicht gleich aktiv werden können, und andererseits gibt es da nicht ausgeglichene Konten: wenn Sie am Vortag eine Hochleistung erbringen mussten, und vielleicht sogar extrem einseitig, im Doppelsinn des Wortes, tätig waren, ist Ihr Körper, auch nach der Regeneration durch den Schlaf, nicht im Gleichgewicht.

Wenn Sie andererseits negativer (Selbst)- Kritik und emotionellem Stress ausgesetzt waren, hat Ihr Gehirn Schutz- und Schonhaltungen gespeichert, um Sie , -und sich-, vor weiterem Missbrauch zu schützen, die bewirken, dass Sie nicht differenziert auf neue Herausforderungen reagieren können.

Und wenn Sie letztlich intensiv komplizierte mentale Anforderungen zu bewältigen hatten, sind Sie mehrfach in „Aufmerksamkeitsstarre" mit Atemblockade geraten, was der Großhirnrinde nicht gerade zuträglich ist. (Darüber Ausführliches im Kapitel „Lampenfieber"!).

Tatsächlich kann das objektive Befinden „wie es einem geht", und die subjektive Wahrnehmung der Befindlichkeit „wie man sich fühlt", weit auseinander klaffen. Missempfindung schafft Missstimmung und umgekehrt!

Der Einstieg in den Tageslauf sollte eine „Bestands-aufnahme" und eine Aktivierung der verschiedenen Potentiale sein . Und dafür können Sie zunächst selbst ein erstaunliches Instrumentarium benutzen, nämlich ganz einfach Ihre beiden Hände:

An den Händen, – (und an den Füßen)-, ist der Körper als Reflexzonen abgebildet, die wie Schlüssel zu den Organen sind. Andererseits sind die Hände selbst geschickte Therapeuten, die Ihre Befindlichkeit, neben anderen Techniken positiv beeinflussen können.

Ab origine

(„Von Klein an")

Millionen Säuglinge können nicht irren: Daumenlutschen ist eine sanfte beruhigende Massage der Reflexzonen des Gehirns. Ein kurzer Biss auf die Daumenbeere dagegen ist ein Alarmsignal für den ganzen Körper, Sie stellen sozusagen den „Betriebsschalter" auf AN.

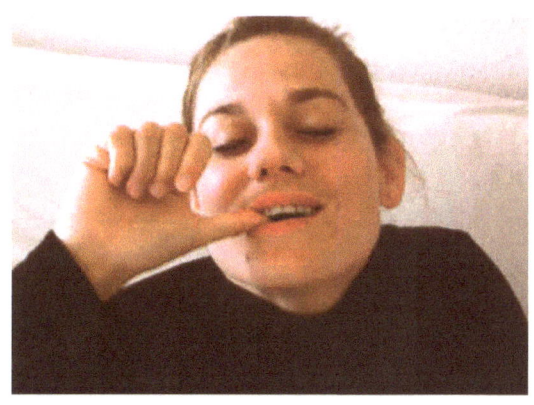

Und nun testen Sie: gelingt es Ihnen, die Fäuste energisch zu schließen? Dieser Test ist auch in der Schulmedizin bekannt: Der Spannungszustand (Tonus) der Hand lässt auf den Gesamttonus des Körpers schließen. Bei Schwächezuständen oder Krankheit gelingt der Faustschluss zunächst gar nicht. Und direkt nach dem Aufwachen, oder auch nach einer wirklich effektiven „Entspannung" sind noch alle Systeme zur Regeneration „heruntergefahren". Atmung und Kreislauf garantieren nur die vitalen Funktionen im „Grundumsatz". Dagegen erfordert jede Aktivität eine adäquate Steigerung von Atmung und Blutkreislauf, für die das Gehirn seit dem Säuglingsalter Muster gespeichert hat.

TEIL 1
generelle Wellness / Fitness

Das Wecken der Hände

Vorbemerkung: In der ausgeschriebenen Form wirken diese „Griffe und Kniffe" sehr aufwändig. Einmal beherrscht dauert das Ganze nur wenig Minuten.

Begonnen wird immer „herzfern", d.h. hier, dass zunächst die linke Hand an der rechten arbeitet.

Druck auf das vordere Daumenglied, mit dem Schnabelgriff.

Schnabelgriff

Nun den Daumen von der Spitze her umfassen, zunächst mit Daumen und Zeigefinger, dann vorarbeiten, bis der Daumen von allen Fingern umschlossen ist.

Den Daumen unter Zug in der Hand massieren, dann den Griff lösen, und von der Spitze her „drainieren", das heißt, sanft ausdrücken

Und gleich an der anderen Hand das Gleiche.

Nun die Schwimmhaut zwischen Daumen und Zeigefinger tief und gründlich kreisend pressen und in die Tiefe massieren.

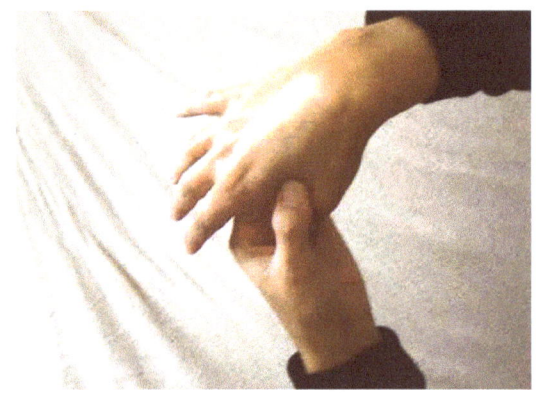

die große Schwimmhaut

Auch auf der anderen Seite

Und sofort den Zeigefinger umfassen, ziehend in der geschlossenen Hand massieren, und Drainage körperwärts. Mit Hilfe der anderen Hand ein „Hörnchen" bilden und von oben (Fingerrückseite) und unten (Fingernagel) kräftig drücken.

Und die andere Seite

Weiter am Mittelfinger das gleiche Prozedere

Andere Seite

Am Ringfinger das gleiche Prozedere

Wieder die andere Seite

Und zuletzt am kleinen Finger

(Vorsicht: der kleine Finger ist ziemlich fragil und gilt außerdem als „Herzfinger", der keine starke Pressur erlaubt.)

Die andere Seite

Die Finger kreuzen und wringen, dabei auch mit den Fingerspitzen Druck auf die Handrücken ausüben.

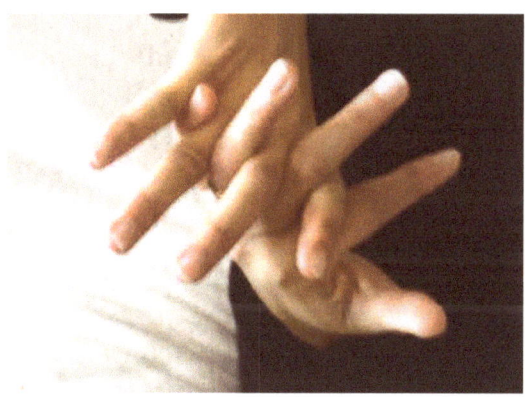

Wringen

Nun die Hände gründlich aneinander heißreiben. und kräftig durchschütteln. Und dann beginnt:

Das Wecken der Sinne

Mit den flachen Händen das Gesicht von unten nach oben streichen, zuerst sanft, dann energisch.

Ein wenig das Schädeldach klopfen

Vom Schädeldach die Hände an die Stirn gleiten lassen bis die kleinen Finger zwischen den Augenbrauen und die Daumen am Ende der Augenbrauen liegen. Nun mit dem Mittelfinger den Punkt genau im Schnittpunkt horizontal in der Mitte der Stirn und vertikal in der Mitte der Augenbrauen fest pressen.

Vorsicht: wenn Sie schlecht disponiert sind, kann das sehr wehtun. Dann verweilen Sie und behandeln diese Punkte mit kleinen kreisenden Bewegungen bis zu zwei Minuten.

Dann etwas Druck auf den Nasenrücken

Verschiedene „Wake-Up" (und Konzentrations-)-Griffvarianten:

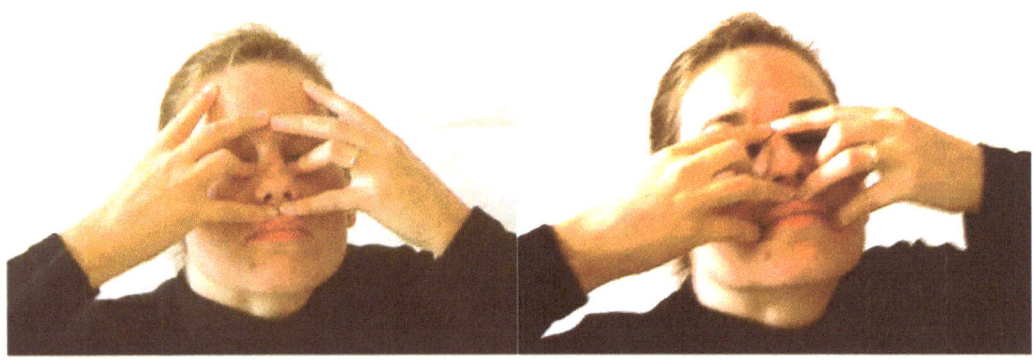

z.B. auch die kleinen Finger rechts und links der Nasenflügel, die Daumen rechts und links in die Mundwinkel, Druck ausüben, die drei anderen Finger massieren mit kleinen kreisenden Bewegungen die Augenbrauen

Und schließlich: Mittel- und Zeigefingerspitzen auf die Schläfen, die Ringfinger an die Nasenflügel, beide kleinen Finger auf die Mitte der Oberlippe und die Daumen auf die Kinnspitze.

Diese „Manipulationen" können, (und sollen), noch im Bett ausgeführt werden, dadurch wird Ihre Atmung vertieft und der Kreislauf beschleunigt.

Diese und ähnliche Griffe, Finger- und Handmassage und -Pressur, kommen auch bei folgenden „Ritualen" zum Einsatz:

Die Augenübung
Die Ohrenübung
Hals und Schultern
Von Kopf bis Fuß FIT
Vocal Warm-Up, Das Wecken der Stimme
Power-Points
u.a.m.

zunächst aber noch eine Alternative, nach dem Aufstehen:

DUSCH DICH FIT

Die Reflexzonen können sehr wirkungsvoll mit einem speziellen Massage-Duschkopf behandelt werden.

Ideal wäre eine über Kopf fest installierte Dusche, die den Körper warm hält, und eine Handdusche für die Wechseldusche, aber dieser Luxus wird einem selten geboten.

Begonnen wird „herzfern", also an **rechten** Fuß.Von unten nach oben, mit harten Strahl, zunächst immer warm und dann langsam die Temperatur verringernd,

- Innen am Bein aufwärts, außen abwärts

- mehrfach Temperatur wechseln

- Gleiches Prozedere am linken Bein

- Dann nach dem gleichen Prinzip den rechten Arm behandeln.

- Auf links wechseln.

- Dann kann sehr wirkungsvoll eine Haarwäsche mit gründlicher Massage der Kopfhaut folgen.

- Hals und Schultern nur warm behandeln. NIEMALS die Halsschlagader kühlen!

- Auch Oberkörper und Rücken, soweit erreichbar. Auch die Nierenpartie (unterer Rücken) nicht unterkühlen.

- Wechseldusche des Beckenbodens. Vorsicht , keine extremen Temperaturen!

- zuletzt lange Striche lauwarm über den ganzen Körper.

Auch als „cool down" oder „chillen" („herunterkommen") nach einer physischen Hochleistung ist die Wechseldusche ideal. Natürlich warm beginnend zur Körperpflege, und dann nach den oben beschriebenen Kriterien.

Und gleichzeitig, kombiniert mit der „Schnellregeneration" und den „Powerpunkten" ist sie das Mittel der Wahl zwischen Doppelvorstellungen und ähnlichen Herausforderungen.

Wenn es zeitlich unmöglich ist, sich abzuschminken, genügt u.U. die Behandlung nur an Beinen und Armen!

FIT AUF DEN PUNKT

die gesamten Wellness/Fitness-Manipulationen

zur Selbstbehandlung

Die einzelnen unten beschriebene Elemente dieser Serie können verschieden kombiniert werden und mit unterschiedlichem Timing und unterschiedlicher Intensität ausgeführt werden. Als „Aufweckserie" gegen morgendliche Anlaufschwierigkeiten und Lustlosigkeit kombiniert sie alle Elemente und wird sehr zügig und mit zunehmender Intensität durchgeführt.

Für Mußestunden und in der Rekonvaleszenz wird sie dagegen als „Verwöhnserie" langsam und lustbetont ausgeführt.

Die Positionen

bequeme Mittelposition (im Gegensatz zur Seitenlage): auf dem Rückend liegend oder in bequemer Sitzhaltung

Seitenlagen, meist mit einem angezogenen Knie auf der Seite liegend

Bauchlage, hier empfiehlt es sich, ein Kissen unter die Brust oder zumindest unter das Kinn zu schieben

Rückenlage, flach auf dem Rücken, wobei der Nacken durch eine Rolle, und die Beine durch Kissen in den Kniekehlen abgestützt werden können

Die Griffe

Beginnen Sie so:

an den Händen

Druck- oder ein leichter Biss auf das vordere , das ist das "körperferne" Glied des Daumens. (Jede Behandlung des Körpers, auch z.B. eine wechselwarme Dusche, sollte „herzfern" beginnen, deshalb beginnen wir an der rechten Hand)

die Behandlung am Daumen und den Fingern
nach dem Druck auf das erste Glied,(auch auf den Fingernagel) mit den Fingern am Daumen vorarbeiten, so dass der Daumen zuletzt vollständig in der anderen Hand liegt. Mit dem freien Daumen werden alle erreichbaren Flächen tief durchmassiert, vor allem die innere Handkante (dort liegen die Reflexzonen der Wirbelsäule).

Pressurtechnik an den Fingern wie an den Daumen, außerdem kann jeweils ein „Harmonisierungsgriff" angewendet werden: Daumen unter der Fingerbeere, das ist der weiche „Tastkörper", der die Innenseite des vordersten Fingerglieds bildet, Nagelkanten von Zeige- und Mittelfinger jeweils 2 mm seitlich und körperwärts des behandelten Fingers.

Sie werden vielleicht erstaunt feststellen, dass bei großer Müdigkeit oder Unwohlsein ein fester Griff um den Daumen gar nicht möglich ist. Das lässt den Schluss zu, dass man nur dann „die Dinge richtig anpacken" kann, wenn man gut disponiert ist.

Die Behandlung am Kopf

Klopfen des Schädeldachs
mit den flachen Händen das Schädeldach abklatschen

Heißreiben des Gesichts

Die Bahandlung an den Schwimmhäuten

mit dem Schnabelgriff ,Daumen oben, zugreifen, ziehen, wenn die Hautfalte abrutschen will, kräftig kneifen, **(Vorsicht, das kann sehr schmerzhaft sein!)** und schiebend tief pressieren. (da liegen die Reflexzonen der oberen Lymphbahnen.

Wringen der Hände
mit ineinander gekreuzten Fingern „wringen" und die Handrücken pressen

Hände aneinander heiß reiben, noch einmal wird das Potential der Hände als Arbeitsinstrument und als Reflexzone aktiviert
mit zügigen Strichen jeweils vom Kinn zur Stirn reiben

(Das ist die sanfte Methode, die Gesichtsnerven als Alarmsystem für das Gehirn zu benutzen. Ein kaltes nasses Tuch auf das Gesicht oder Eiswürfel auf die Stirn gehören zur Schockmethode!)

Heißreiben der gekrümmten Zeigefinger, und damit

Massage der Augenbrauen und der Jochbeingegend
der Daumen massiert unter dem Jochbein.

Druck auf den Nasenrücken

Massage der Nasenflügel und der Mundwinkelmit den Fingerspitzen

sorgfältige Druck- und Streichmassage rund um den Unterkiefer
das bewirkt eine direkte Drainage der Lymphknoten, ist
also keine „Akupressur mit Tiefenwirkung".

in Seitenlage links/rechts

das Wechseln der Position

für das Einnehmen der Seitenlage empfiehlt sich folgende „Technik": z.B. für die Seitenlage links das rechte Bein anziehen und über das linke schieben, den Oberkörper einfach folgen lassen, u.U. mit der rechten Hand unter den Oberschenkel greifen und nachhelfen. Das klingt vielleicht etwas übertrieben, ist aber bei Verletzungen oder Erschöpfungszuständen durchaus hilfreich.

Heißreiben der Ohrenmuscheln
mit den Handtellern kreisende Massage mit großem Druck ausüben

Pressur rund um das Ohr
über dem Ohr mit den Fingerspitzen, unter dem Ohr mit dem Daumen alle Vertiefungen im Knochen suchen und sanft aber gründlich drücken

Kneten der Ohrläppchen
hilft auch gegen Trockenheit im Mund!

Arbeit an Hals und Nacken

Am Besten in Seitenlage
Dabei ist wichtig, dass die Hand frei arbeiten kann. Dafür soll der Oberarm **fest auf der Unterlage liegen**, und der Arm nur in Ellbogen- und Handgelenk bewegt werden.

(wenn der Kopf „entspannt" auf die Brust sinkt, ist die Nackenmuskulatur gedehnt, nicht entspannt. Zur Massage von Nacken und Hals empfiehlt es sich im Sitzen oder Stehen , sich der Hand entgegenzulehnen und das Gewicht des Kopfes nach hinten auf die äußere Handkante aufzulegen !)

Tiefe Knetmassage mit der ganzen Hand, schmerzende Punkte und Knoten zwischen Daumen und Zeige- und Mittelfinger (Dreifingergriff) unter leichtem Druck halten (bis zu zwei Minuten!) und sanft versuchen sie „wegzumassieren". **Es muß nicht „erst einmal wehtun"!**

Unter dem Kinn sanft körperwärts streichen, auch mit dem Kopf im Nacken unter Spannung möglich.

Vorsicht: bei der Halsmuskulatur um den Kehlkopf nur lockere „Schiebemassage", kein festes Zugreifen am Kehlkopf!

an den Schultern
mit der ganzen Hand gründlich durcharbeiten

an den Armen

Handgelenke
das Gelenk fest umfassen und die Hand in alle Richtungen

bewegen, Knetmassage. (da sind die Reflexzonen der Becken-Lymphgefäße)

Unterarme
hier ist besonders viel Zuwendung gefragt, hier beeinflusst man die gesamten Atemwege und die Stimme! (diese Zone eignet sich hervorragend zum „Selbststudium" beim Beobachten der Entstehung von tastbaren „Störfeldern")

an den Oberarmen
tief durchkneten, bei angespanntem Muskel Druck auf den höchsten Punkt des Bizeps

an Brust und Rippenbögen

in Mittelposition:

Rüttelpressur der gegenüberliegenden Achselhöhle mit allen Fingerspitzen

vibrierender Druck mit der Faust auf die Region unter dem Schlüsselbein, die Vibration ensteht dabei durch Schütteln des Arms.

Ertasten und Vibrationsmassage aller schmerzenden Punkte zu beiden Seiten des Brustbeins.
(es bildet die vordere Mitte des Brustkorbs)

alle schmerzenden Punkte zwischen den Rippen vibrierend mit den Fingerspitzen behandeln
auch hier entsteht die Vibration durch Schütteln der Hand

auch in Seitenlage

Rippenbögen mit der flachen Hand heißreiben

in derKreuzgegend

in Bauchlage

kräftige Striche mit der Rückseite der Faust
Handflächen auf die Hüftknochen, mit den Daumen
alle erreichbaren Punkte pressieren
(das bewirkt auch direkte Massage der Ischiasnerven, die in der Mitte der Gesäßbacken verlaufen)

am Bauch

in Rückenlage

Heißreiben der Bauchdecke

große kreisende Bewegungen mit der flachen Hand um einen gedachten Punkt eine halbe Handbreite unter dem Bauchnabel.

Warnung: machen Sie ohne genaue medizinische Kenntnisse keine Tiefenpressur des Bauches, die Eingeweide könnten das sehr übelnehmen. Dagegen bewirken die willkürlich bewegten Bauchmuskeln eine sehr empfehlenswerte, wirksame Massage der Eingeweide.

an Becken und Gesäß

in Seitenlage

Reibemassage rund ums Becken

Reibe- und Knetmassage des Beckenbodens

an den Oberschenkel

in Seitenlage die Schenkel nach oben ziehen

die Innenseite der Oberschenkel mit der geballten Faust
kreisend pressen

am Knie
machen Sie Pressur rund um das Knie
mit den flachen Händen, in den Kniekehlen mit den
Daumenspitzen

an den Unterschenkeln
mit beiden Händen die Waden tief pressen und massieren

die Achillessehne tief kneifen

Warnung: nicht während der Menstruation

an den Füßen

große Zehe pressen
wie am Daumen vorgehen aber
**Vorsicht: die große Zehe ist den anderen Zehen nicht
gegenübergestellt und deshalb viel weniger beweglich.**
trotzdem sehr intensiv, vor allem an der Beweglichkeit des
Grundgelenks arbeiten.

die Zehen behandeln

wie an den Fingern, auch hier **Vorsicht beim Spreizen der Zehen** für die Massage der Schwimmhäute, hier ist größte Sorgfalt und Hygiene angesagt!

die Innenseite des Fußes massieren
kreisende Punktmassage mit dem Daumen

die Ferse massieren
die Ferse umfassen und Knetmassage in der Innenhand

den Knöchel massieren
sanfte Massage rund um den Knöchel

die Sohle pressen
mit der geballten Faust gründlich kneten und mit dem Daumen auf den Schnittpunkt der beiden Ballen drücken. (Der „Nierenpunkt")

Danach beliebig lange Striche über den ganzen Körper.

Drei spezielle „Rituale"

SPEZIELLE MASSAGE UND DRUCKPUNKTE FÜR DIE WELLNESS-BEHANDLUNG VON HALS UND SCHULTERN

Zur Selbstbehandlung

VORSICHT: bei muskulären Schmerzen im Hals- und Schulterbereich grundsätzlich keine laienhafte Fremd-Massage, auch wenn sie noch so gut gemeint ist.

Die komplette Behandlung beginnt am rechten Fuß, aber selbstverständlich kann, den Umständen entsprechend, die Behandlung an den Händen begonnen werden. Außerdem ist es empfehlenswert, zunächst ein wenig „Handarbeit" zu praktizieren.

Zunächst Ausstreichen und Massage des Innenrists (Reflexzonen der Wirbelsäule)
Mit dem Daumen tief massieren, besonders wirksam auch mit dem Noppenball.

Dann den gesamten Zehenbereich durchkneten, dazu alle Finger beider Hände auf den vorderen Bereich der Fußsohle, die Daumen massieren und bewegen die Gelenke. Alle Zehen aktiv und passiv bewegen und den Zehengrundbereich dabei seitlich wellenförmig bewegen.

Mit Daumen, Zeige- und Mittelfinger einen „Schnabel" bilden und die Spitze der großen Zehe hart pressen, dannam Zeh knetend vorarbeiten, bis es völlig von den Fingern umschlossen ist, die Daumenspitze massiert bis zur Mitte der Fußsohle.

Den Fuß mit der rechten Hand von oben umfassen.
Die linke Hand bewegt den großen Zeh ziehend in allen Gelenken (Vorsicht: das Grundgelenk kann nur in Kombination mit dem Mittelfußknochen ein wenig rotiert werden.

Das Gleiche am linken Fuß

Weiter an der rechten Hand:

Hände heißreiben, zunächst mit den flachen Händen, dann „wringend".

Wieder mit dem „Schnabelgriff" an der Spitze des Daumens beginnend schiebend und ziehend massieren.
Zuletzt liegt der Daumen völlig in der linken Hand, der Daumen massiert den Handrücken, der Zeigefinger den Daumenballen.

Das Gleiche links

Alle Grundgelenke der Finger und die Schwimmhäute mit dem „Kreuzschnabelgriff" durcharbeiten. (Dafür wird der Zeigefinger halbmondförmig gebogen, der Daumen liegt oben.)
Finger verschränken, wringen, dabei suggerieren, dass so die gesamte Schulterregion bewegt und massiert wird.

Die Arbeit direkt am Hals

Zunächst die Lymphknoten unter dem Unterkiefer sanft körperwärts ausstreichen.
Dann „den Kopf abheben", das gesamte Gewicht ruht in den Handflächen, mit sanften Schaukelbewegungen den Kopf zentrieren.

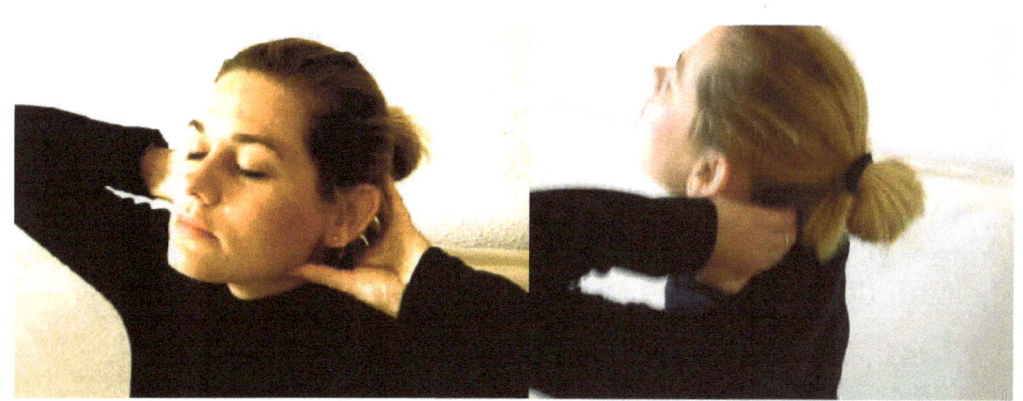

mit den Fingerspitzen den Nacken sanft durchmassieren

Achtung: wenn der Kopf nach vorn gebeugt ist, sind die Muskeln des Nackens **gedehnt, nicht „entspannt".**
Immer der massierenden Hand „entgegengehen".

Die direkte Massage und Pressur des Halses und der Schultern

Diese Massage muss grundsätzlich im **Liegen** erfolgen. Beginn in Seitenlage links, das rechte Knie ist angezogen. Der linke Oberarm liegt auf dem Boden auch. Nur so kann die linke Hand wirklich effizient arbeiten. Die recht Schulter „hängt" nach vorn, der Unterarm liegt auf dem Boden auf.
An der Seite des Halses mit den vier Fingern Punktpressur und die Muskeln zwischen den Fingern kneten.

Für den Lagenwechsel in Seitenlage rechts **entweder**:

Beide Arme über den Kopf strecken, das rechte Bein strecken, es entsteht Bauchlage. Das linke Bein anwinkeln und hochziehen, es entsteht Seitenlage rechts.
Oder:
Das rechte Bein strecken und nach rechts führen, es entsteht Rückenlage. Mit dem rechten Arm zum linken Oberschenkel greifen, ziehen... es entsteht wieder Seitenlage.
Alles auf der anderen Seite wiederholen

Der Griff

Für Rechtshänder: die rechte Hand tastet das Schlüsselbein bis zur Schulterhöhe, mit dem gestreckten Mittelfinger tief auf die Schulter drücken. Die linke Hand umgreift das rechte Handgelenk, die Daumenspitze genau auf die Außenseite des Handgelenks. Tief durchatmen. Den Kopf sanft in alle Richtungen drehen.
 Die andere Seite spiegelverkehrt.

Die Ohrenübung

Auch am Ohr werden die Körperzonen abgebildet. Auch dieses Ritual ist eine Art „Ganzkörperbehandlung"

Zunächst, wie zu Beginn jedes „Rituals":

mit dem Schnabelgriff oder dem Kreuzschnabelgriff (dabei liegtder Daumen über dem gekrümmten Zeigefinger) fester Druck auf die vorderen Daumenglieder (oder ein leichter Biss). Dort werden die Reflexzonen von „Verlängertem Mark", Stammhirn und Hypophyse beschrieben. Man gibt sozusagen „Alarm in der Kommandozentrale."

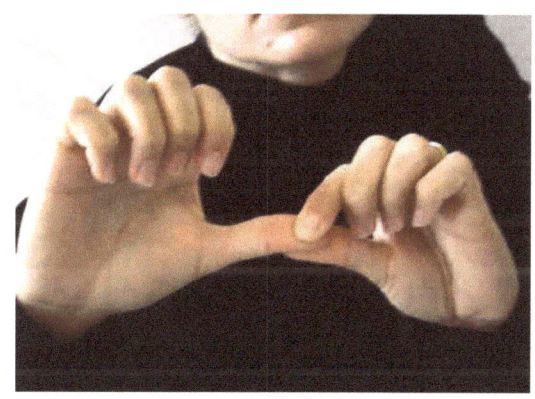

dann werden die flachen Hände aneinander heißgerieben.

Wenn das ein wenig nach verbranntem Horn riecht, ist es genau richtig.

Mit langen Strichen von unten nach oben das Gesicht warmreiben, dann zunächst
das rechte Ohr mit kreisenden Bewegungen heißreiben, dann links,
Dann beide Ohren mit den Handflächen bedecken und mit den Fingerspitzen den Nacken tief durchmassieren

Dann Druck auf die Schädelbasis: und den Kopf leicht(!) nach hinten senken

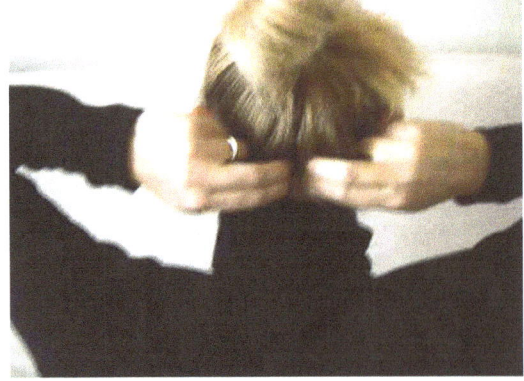

Dann die Handflächen fest auf die Ohren drücken und die Hände etwas hin und herbewegen, das erzeugt ein „schmatzendes" Geräusch, und dann mit den Fingerspitzen auf den Hinterkopf trommeln, das klingt „über innen" gehört tatsächlich wie eine Trommel.

Beim Selbst-Massieren grundsätzlich der Massagehand „entgegen gehen". Wenn der Kopf „entspannt" nach vorn kippt, ist der Nacken gedehnt und nicht entspannt!

Nun zur Arbeit an den Reflexzonen:

Alle „Schwimmhäute" behandeln

Da werden die Reflexzonen der oberen Lymphbahnen beschrieben, die bei Erkrankungen im Kopfbereich meistens in Mitleidenschaft gezogen sind.

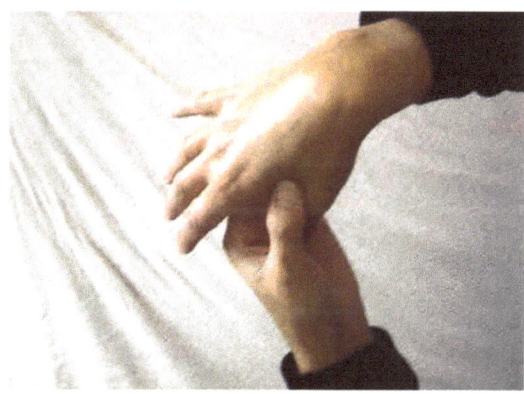

Man spreizt dafür die Finger und greift mit dem Schnabelgriff nach der Hautfalte.Ein wenig ziehen, wenn der Daumen abrutschen will, fest zugreifen, schiebend drücken und mit kleinen kreisförmigen Bewegungen massieren

Am sorgfältigsten bei Schwimmhaut drei und vier, am **dritten** Ringfingerglied, in diesem Fall von der Fingerspitze an gezählt, also proximal (körperwärts), liegt die Reflexzone des Ohrs. (das ist sogar fachärztlich experimentell erprobt).

Bei Ohrenerkrankungen ist diese Zone extrem druck-empfindlich...was dann sozusagen von selbst „Überzeug-ungsarbeit" leistet.

Bei Schmerzen hier mindestens zwei Minuten sanft knetend verweilen und die heilsame Interaktion auf das Ohr imaginieren.

Die Ringfinger dehnend („melkend") und schiebend (drainierend") in der anderen Hand massieren.

Vorsicht, das sind Scharniergelenke, also nur in einer Ebene beweglich

Den „Harmonisierungsgriff" ansetzen, jeweils mit den Fingernägeln von Daumen und Zeigefinger 2 mm seitlich und körperwärts am Fingernagelansatz.

Vorsicht, auch das kann extrem weh tun

Dann wieder die Hände heißreiben und

die Ohrläppchen durchkneten

das regt die Schleimhäute an und ist nebenbei zusammen mit vorsichtigen kleinen Bissen auf die Zungenspitze das (fast einzige) probate Mittel gegen trockenen Mund.

Dann noch einmal kurz die Ohren kreisförmig warmreiben und dann die gekrümmten Zeigefinger ("Hörnchen") auf die Schläfen drücken. Aus dieser Handhaltung drückt nun der Daumen mit langsam gesteigerten Druck zunächst vor der Ohröffnung und dann in kleinen Abstanden nach oben beginnend rund ums Ohr,
und dann das Gleiche noch einmal auf der Ohrmuschel dann alle Finger auf das Schädeldach spreizen und das ganze erste Daumenglied sanft aber gründlich in den Kieferwinkel drücken.

Nun die Hände "muschelförmig" auf die Ohren legen und mit tiefen Atemzügen in die Ohren und in den Körper "hineinhören".

Und dann die Ohren und alle anderen Sinne weit nach draußen öffnen, dehnen und gähnen.

Die Augenübung

Anwendung: immer wenn Sie Ihren Augen von der Arbeit am Computer, vom Auto fahren, vom Lesen etc. eine kleine Erholung gönnen wollen!

Vorbereitung: Nehmen Sie eine bequeme Haltung ein, die Arme und Hände müssen frei beweglich sein.

Schließen Sie die Augen, kneifen Sie die Augen zu, unterstützen Sie die Muskeln rund ums Auge mit allen Fingerspitzen.
(Sie werden nach einiger Zeit kleine schwarz-weiße Muster oder auch farbige Flecken sehen)

Lösen Sie die Spannung und streichen Sie sanft mit den Fingerspitzen nach außen. Zwei, dreimal.

Die Entspannungsphase können Sie mit einer Ausatmung unterstützen, indem Sie die Spannung „nach draußen wegblasen".

Sobald die Übung beherrscht wird, ab hier die Augen geschlossen lassen.

Handpunkte massieren: an beiden Händen das erste Daumenglied hart pressen, den Daumennagel im oberen Drittel mit dem anderen Daumennagel bekneifen und alle Fingerspitzen „auspressen", mit dem Kreuzschnabelgriff, (Sie legen dazu den Daumen über den Zeigefinger, so dass eine X-Form entsteht), das proximale (=Grund)-glied von Zeige- und Mittelfinger pressen und massieren.

alle „Schwimmhäute" tief greifen und „ausquetschen"
(Vorsicht!, das kann sehr schmerzhaft sein!)

Nackenmassage
(Kopf zurückbeugen, das Gewicht auf die äußere Handkante!),
mit allen Fingern und den Handtellern kneten.

Alle Fingerspitzen senkrecht in der Mitte der Stirn, der Daumen
massiert der Reihe nach alle erreichbaren Punkte: äußeres
Ende der Augenbrauen, Schläfengrube, harte Pressur direkt vor
dem Ohr, unter den Jochbeinen, im inneren Augenwinkel.

Die gekrümmten Zeigefinger heißreiben, Druck auf die
Augenbrauen und starker Druck mit den Daumen in der
Schläfengrube

Dann massieren die Zeigefinger in kleinen Kreisen die Augenbrauen.

Mit den Zeigefingerspitzen am unteren Rand der Augenhöhlen
sanft massieren.

Die Augen mit den aneinander gelegten Händen wie mit einer
Schale bedecken, die Finger „luftdicht" machen und heiße Luft
in Richtung Augen blasen.

Fingerspitzen heißreiben, sanft die Augäpfel drücken.

Bei stark gereizten oder sogar entzündeten Augendie Hände
kühlen und eventuell alle Punkte mit Eis behandeln, außerdem
kann man danach warme Teebeutel mit Malventee(beruhigt)
auf die Augen legen

in die Handflächen schauen, dann Hände öffnen und die Augen auf „unendlich" richten,dann die Hände wieder in Leseabstand, geben Sie den Augen Zeit sich auf die Handlinien „scharf" einzustellen und dann wieder auf „unendlich"... mehrmals wiederholen.

Ein Auge abdecken, die Zeigefingerspitze des gestreckten Arms fixieren und dann den Bewegungen des Armes (Gerade, Kreise etc.) folgen,
anderes Auge ebenso

Beide Hände mit gestreckten Armen zusammenlegen, mit beiden Augen die Fingerspitzen fixieren, dann Hände symmetrisch auseinander führen. ganzes Gesichtsfeld „erschielen".

Noch einmal die Augen schließen, mit den Händen bedecken, die Augen auf einen gedachten Punkt zwischen den Augenbrauen richten, tief durchatmen, Hände öffnen (nicht die Augen!) und von „draußen" Energie in die Augen fließen lassen, (als besonders wohltuend wird das orangefarben durch die Lider scheinende Sonnenlicht empfunden) dabei den Blick wieder ins „Unendliche" schweifen lassen. Wiederholen.

Augen öffnen, räkeln und lächeln!

Auch hier kann sich sehr effektiv die Serie „Schnellregeneration" anschließen

Schnellregeneration

es gibt zwei Möglichkeiten der Anwendung:

zu Beginn einer Tätigkeitspause: Beginn a)

nach Meditationen , Autohypnose und ähnlichen tranceartigen Zuständen, oder auch anstelle der „Fitmacher-Serie" nach einem kleinen Schläfchen um ins volle Wachbewusstsein zurückzukehren-   Beginn b)

a) beginnen Sie mit einigen tiefen Atemzügen mit energischer Unterstützung der Ausatmung durch Anpressen der Arme, Einziehen des Bauches („Brustkorb ausquetschen") und Ausschütteln der Hände („Blockaden lösen").
Jeder „Stress-Moment" bewirkt eine spontane Einatmung mit anschließender Blockade der Atmung, (ein Überrest aus unseren steinzeitlichen Schutzprogrammen...), die eigentlich mit einem erlösenden Schrei oder einer langen „Entwarnungs-Ausatmung" mit anschließenden „Aufatmen" gelöst werden müsste. Wenn man „sich nichts anmerken lassen" will, hält man die Atemsperre u.U. über mehrere Sekunden: der „Totstellreflex"! Addieren sich die Stressmomnte ohne „Entladung" ist ein effizientes Durchatmen nicht mehr möglich .)

b) beginnen Sie mit einigen tiefen Atemzügen mit Unter-stützung der Einatmung durch weites Öffnen der Arme und Hände, richten Sie nach und nach Ihre Aufmerksamkeit „mit allen Sinnen" nach draußen! (das aktive Wachbewußtsein hat einen höheren Sauerstoffbedarf).

1. pressen Sie das erste (distale=körperferne) Daumenglied
hier sind die Reflexzonen der „Kommandozentrale", Sie gebensozusagen Alarm

2. Handflächen und Finger fest gegeneinander reiben
Sie stellen das Werkzeug bereit

3. das Gesicht heißreiben
mit energischen Strichen von unten nach oben

4. das Schädeldach klopfen

5. die Ohrmuscheln heißreiben und die Ohrläppchen pressen
 auch das Ohr ist Abbild des Körpers...

6. die Arme abklopfen, innen aufwärts, außen abwärts
die muskulösen Partien mit der Faust, sonst mit der flachen Hand
 strenges Verbot bei Venenproblemen!!!

7. mit Zeige- und Mittelfinger in die Vertiefung an der Schädelbasis drücken, bis drei zählen, dreimal
auch dies ist ein „Schlüsselreiz" auf die Schaltzentrale „verlängertes Mark"

 8.mit den geballten Fäusten unter dem Schlüsselbein und auf beiden Seiten des Brustbeins kräftig reiben
hilft die Atemblockaden zu lösen

9. harter Druck auf die Innenseite der Oberschenkel

mit der geballten Faust, dann mit dem Handrücken die Schmerzen „wegstreichen"

10. Waden kräftig durchkneten

11. Achillessehne fest drücken und kneifen
Verbot während der Menstruation

12. Daumenspitze auf die Mitte der Fußsohle, fünfmal tief drücken

13. Spitze der großen Zehe fest pressen

14. Oberseite des Fußes jeweils mit dem anderen Fuß reiben

15. mit der flachen Hand Beine innen vom Fuß zur Leiste und außen abwärts klopfen
strenges Verbot bei Venenproblemen !!!

16. starker Druck auf:

- **das Schädeldach**

mit allen acht Fingerspitzen, die Daumen auf die Schläfen

- **die Schläfen**

mit den flachen Händen und/oder den Daumenspitzen

- **die Schädelbasis**

den Kopf zurückneigen und mit den Fingerspitzen über dem 1. Halswirbel drücken

- **den ganzen Nacken**

- **die Schulterhöhe**

mit gekreuzten Armen und flachen, offenen Händen

- **die Bizepshöhe**

Muskel anspannen und höchsten Punkt suchen, mit drei Fingern drücken, den Daumen als Gegenhalt auf der Rückseite des Arms

17. mit tiefen Atemzügen „nach allen Seiten öffnen und Energie einlassen"

18 sich schütteln, strecken und gähnen. energisch in die Hände klatschen,

„applaudieren Sie sich selbst!!!"

Die Fitmacherserie

Diese „Manipulationen" können anstelle der beiden Versionen der „Schnellregeneration" gemacht werden. Selbstverständlich können sie allein durchgeführt werden. Als besonders wirksam haben sie sich allerdings als „Fitmacher-Coaching" durch eine Partnerin / einen Partner erwiesen.

a) als Vorbereitung auf eine Leistung für die „Eustress" angesagt ist. Der Behandelte soll mental aktiv teilnehmen, z.B. durch Konzentration auf die jeweils behandelte Region. (in diesem Fall „hinatmen" und kleine Muskelkontraktionen). Sofort energisch beginnen.

b) nach Behandlungen und Übungen, die einen meditativen oder tranceartigen Bewußtseinszustand bewirken, um wieder ins klare Wachbewußtsein zurückzukehren. Langsam steigern.

WARNUNG: bei akuten Venenproblemen keine Streich- und Klopfmassage der Arme und Beine!

Beginnen Sie am rechten Fuß

- pressen Sie das erste (distale=körperferne) Glied der großen Zehe,

auch hier liegen Reflexzonen des Gehirns, der „Kommandozentrale", Sie geben sozusagen Alarm.

- Daumenspitze auf die Mitte der Fußsohle, tief drücken

- mit der geballten Faust die Fußsohlen heißreiben

- mit der flachen Hand Fußrücken heißreiben

- die Achillessehne kneifen

alles auch am linkem Fuß

- mit beiden Daumen auf der Achillessehne, rechts beginnend, die Wade hochstreichen und tief pressen

- mit beiden Händen gleichmäßig das ganze Bein von unten nach oben ausstreichen

- mit dem Handballen und / oder der geballten Faust Druck auf die Innenseite des Schenkels

- mit den flachen Händen einige Striche außen abwärts, innen aufwärts

alles auch am linken Bein

- einige lange Striche über die Innenseite des rechten Schenkels, weiter über die rechte Hüfte, die rechte Thoraxseite, die Achselhöhle und die Innenseite des rechten Armes abwärts

das Gleiche rechts

- Daumen drücken und durchmassieren

- alle Fingerspitzen drücken

- die ganze Hand im „Spreizgriff" durchmassieren

- vom Handgelenk aus beidhändig, beide Daumen auf der Mittellinie schiebend Unterarm und Oberarm ausstreichen

das Gleiche links

- beide Arme innen abwärts, außen aufwärts streichen

- gleichzeitig, mit gekreuzten Armen, rechts und links Schulterhöhe pressen

- Druck auf die Schulterblätter

- Druck auf den Nacken

- Druck auf die Schädelbasis

- Druck aufs Schädeldach

- Druck auf die Schläfen

- lockere Striche über den ganzen Körper

- abklatschen von Armen und Beinen

(siehe Warnhinweis!)

Progressive Schnellentspannung

Exkurs: Was ist Entspannung

Stress führt,- neben vielen anderen möglichen Ursachen- und neben anderen Symptomen, zu Verspannungen, vor allem im Unterkiefer-, Nacken- und Schulterbereich. Wenn Sie Stress vermeiden, also psychisch entspannt sind, schützen Sie sich vor Verspannungen, aber sie können bereits manifeste physische Verspannungen NICHT durch „Entspannung" lösen, auch nicht durch autogene Suggestionen. Psychische Entspannung ist also ein Vorbeugungsmittel aber kein „Heilmittel" gegen Verspannung. Dazu einige Fakten:

Dass ein Muskel beim Zusammenziehen "Spannung" erzeugt, die dann wieder gelöst wird, - wie es, allerdings mit umgekehrten Vorzeichen, beim elastischen Band geschieht, ist ein übliches Vorstellungsmodell. Tatsächlich kann sich der Muskel **nicht selbst** entspannen, er kann nicht loslassen, aus dem einfachen Grund, weil er nur während der Halte- oder Bewegungsarbeit in "Spannung" ist, dann aber "spannungslos" in der jeweils erreichten Position verharrt. Der Muskel kann also in jeder Position gespannt oder ungespannt sein. Wenn allerdings sein "Verkürzungspotential" erschöpft ist, kann er keine Arbeit mehr leisten.

Leisten Sie zunächst einmal "Bewegungsarbeit" mit dem Bizeps (das ist der "Unterarmheber", den jeder kennt)
Wenn der Unterarm sich hebt, verkürzt und verdickt sich der Muskel
Wenn Sie nun gleichzeitig "Hebearbeit" leisten, verdickt sich der Muskel stärker.

Wenn Sie den Unterarm maximal anwinkeln und nun eine Zugkraft auf ihn einwirkt, leistet der Muskel Haltearbeit, wenn Sie dabei die Handstellung verändern, verändert sich auch die Form des Muskels. Falls die Zugkraft bis an die Grenze ihrer Leistungsfähigkeit geht (es handelt sich dann um eine "isometrische Übung"), kommt es zur optimalen Verdickung. Wenn Sie die Bewegungs- und Haltearbeit allerdings mit ihrem anderen Unterarm verursachen, verkürzt und verdickt sich der Muskel trotzdem, obwohl er überhaupt keine "Spannung" erzeugt.

Und nun machen Sie den Muskelfunktions-"Demo-Test":
Legen Sie ihre Handflächen aneinander. Nicht in Gebetshaltung, sondern horizontal vor dem Körper. Die Spitzen von Zeig- und Mittelfinger berühren jeweils das andere Handgelenk. Und nun krümmen Sie die Finger, -und genau so funktioniert im Prinzip eine Muskelfaser, sie verkürzt sich und wird dabei dick, - nur "im Prinzip", weil sich die "Filamente", die diese Bewegung im Muskel verursachen, **ineinander** schieben.

Diese beiden Tests lassen folgende Vermutungen zu:

Der Muskel kann auch passiv verkürzt werden
Der Muskel kann verschiedene "Formen" annehmen, weil nur ein Teil der Fasern Arbeit leistet
Der Muskel kann in jeder Position arretiert werden.

Die oft gelesene Aussage:
„Die Haltearbeit des Muskels wird vom Antagonisten unterstützt," ist so nicht korrekt. Ein Muskel kann keine „Schiebearbeit" leisten. Man kann allerdings einen isometrischen Effekt erzielen, wenn man für beide Muskeln

den gleichen „Befehl" gibt., also z. B. den Unterarm in einer bestimmten Stellung arretiert.

Eine Muskelfaser die kontrahiert ist, kann nicht weiter "gespannt" werden, sie kann **sich** auch nicht "entspannen" sondern sie muss in ihren ursprünglichen Zustand **zurückgedehnt** werden. Die Verkürzung der einzelnen Faser geschieht nach dem „alles oder nichts"- Prinzip, d.h. die einzelne Faser kann nicht ein wenig oder halb gespannt sein. Alle Muskelfuntionen, die diesen Anschein erwecken, beruhen auf der Tatsache, dass Tausende von Fasern im Muskel vorhanden sind, die gleichzeig kontrahiert oder nicht kontrahiert sein können. Sogar die allerkleinsten Einheiten, die Sarkomere, können asynchron arbeiten. (Damit Sie sich eine Vorstellung von den Größenordnungen machen können: wenn sich 10000 Sarkomere im Bizeps verkürzen, verkürzt sich der gesamte Muskel um 4 Millimeter)

Testen Sie:
Wenn sie bei hängenden Armen den Unterarm heben leistet der Bizeps Bewegungsarbeit, wenn Sie dann keine Haltearbeit leisten, dehnt das Eigengewicht des Unterarms den Bizeps zur ursprünglichen Länge.
Wenn Sie die Arme über den Kopf strecken und dann die Unterarme anwinkeln, wird der Bizeps passiv verkürzt und nun muss der Antagonist (der Trizeps) den Arm aktiv strecken, und die Dehnarbeit leisten.
ACHTUNG: "gestretcht" werden kann der Bizeps nicht, weil das Ellbogengelenk bei 180 Grad arretiert ist.

Trotzdem kann man mit dem Vorstellungsmodell arbeiten, dass Muskeln durch Bewegungs- oder Haltekräfte Spannung **erzeugen** können. Zum Beispiel erzeugt die Einatemmuskulatur des Thorax Spannung gegen die elastischen Haltekräfte der Lunge und das sich zusammenziehende, abflachende Zwerchfell erzeugt Spannung gegen die Organe der Bauchhöhle... Für die Ausatmung werden dann beide Muskulaturen auf ihre ursprünglich Länge "zurückgedehnt", teils durch die beschriebenen elastischen Organe, teils durch ihre Antagonisten ("Gegenspieler").

„Entspannung" im psychischen Sinn ist ein probates Mittel um Verspannungen zu vermeiden, aber umgekehrt können physische Verspannungen nicht durch suggestive Entspannung gelöst werden. Sie müssen aktiv gelöst werden. Und selbstverständlich ist nicht jede Art von „Verspannung" eine Folge von psychischem Stress, sondern ein Zeichen, dass die Leistungsgrenze ignoriert wurde.

Dazu die probate Übung

„Progressive Muskelentspannung"

Position: Rückenlage

1
leicht gebeugte Arme, geschlossene Fäuste, mit einer Ausatmung gesamte Armmuskulatur anspannen, mit der Einatmung bei gespannter Muskulatur im Handgelenk, Ellbogengelenk und Schultergelenk bewegen, mit einer stöhnenden Ausatmung die Arme völlig loslassen.

2
Beine leicht anstellen, mit der Ausatmung gesamte Muskulatur anspannen, mit der Einatmung in den Fußgelenken, Knie- und Hüfte bewegen. Mit der Ausatmung alles loslassen.

3
Beine anstellen, mit der Ausatmung gesamte „Front"-muskulatur (alle vorderen Beuger) anspannen, mit der Einatmung Bauch und Thorax „binnenkörperlich" bewegen, mit der Ausatmung loslassen. Das Kinn liegt auf der Brust!

4
Beine anstellen, mit der Ausatmung die Rückenmuskulatur anspannen, (leicht ins Hohlkreuz gehen), das Kinn liegt wieder auf der Brust, nicht den Kopf nach hinten überstrecken, die Schultern an den Boden drücken. Mit der Ausatmung loslassen.

5
mit der Ausatmung gesamte Skelettmuskulatur anspannen, mit minimalen Bewegungen„schlängeln", „jeden Muskel spüren", alles mit der Ausatmung (stöhnend, prustend) loslassen.

6

Durch die Nase den Atem langsam kommen lassen, „an der Wirbelsäule entlang ins Becken führen", „kollabierende Ausatmung" mit der Suggestion, dass der Körper das gesamte Gewicht und alle Spannung an die Unterlage abgibt.

Sie werden wahrscheinlich so „losgelassen" sein, dass Sie nicht die geringste Lust verspüren, noch einen Durchgang zu machen. Tun Sie es trotzdem.

ZWEI BIS DREI DURCHGÄNGE

Und dann MUSS eine Serie „Schnellregeneration" oder „Fitmacher" folgen!

TEIL 2

Warm-Ups für den Hochleistungsauftritt

Professional Warm-Up

PWU, das Warm-Up für Performer

Wie PWU entstand

PWU (Professional Warm-Up) entstand in meiner mehrjährigen Workshop- und Seminarreihe "Acting Singer-Singing Actor" am "Bayerischen Staatstheater am Gärtnerplatz" in München, im Erfahrungsaustausch mit Kollegen und Studenten und Schülern der Münchner Ausbildungsstätten für den Theaterberuf.

Zentrale Themen waren einerseits die „Bereitstellung" und Optimierung der darstellerischen Mittel und andererseits die Angst vor dem Auftritt und Methoden zu deren Bewältigung, wie dem Autogenen Training, der Silva Mind-Control, Selbsthypnose, und Konzentrations- und Meditationübungen der verschiedensten Schulen. Zentrales Problem war der Teufelskreis von Vertrauensverlust in die eigenen Fähigkeiten einerseits, und andererseits ein Vertrauensmanko in die Therapiemethoden.

Meine Erfahrungen mit sog. "Dynamischen Meditationen" wiesen in eine andere Richtung. Ich hatte dabei mehrfach eine "psychische Umpolung" erlebt. Das Problem erschienen "gepuffert", ich erlebte einen Zustand, der man als "kontrollierte Euphorie" bezeichnen könnte. Ein weiteres Element war die Erfahrung mit positivem Stress (Eustress), das heißt einer angstfreien, aber doch aufregenden Perspektive, z.B. der Vorfreude, die aber doch abgeschwächte Symptome des echten Stress aufweist. (Der „Vater des Stress" Hans Selye beschrieb **Eu**stress als positive Umpolung der Symptome des **Dys**-Stress.

(Die bekannte griechische Vorsibe „eu" bedeutet „gut", das Gegenteil ist „dys". Die übliche, auch in der medizinischen Literatur gebräuchliche Schreibung ist Disstress . Griechisch „dys" entspricht lateinisch „dis". Mit einem S bedeutet dieser Begriff im Englischen einfach „die Not". „Stress" ohne Vorsilbe, war zunächst einfach Synonym von „Belastbarkeit" und wurde erst dann als „Überforderungssyndrom" interpretiert.)

Hier lag für mich der Schlüssel zu diesen „Übungsreihen für Performer", die zwingend in den oben beschriebenen Zustand führen.

So entstand PWU.

PWU gibt es audiogeführt als „Lernfassung" und als „Durchlauf".
Es hat sich herausgestellt, dass die Vollversion des Durchlaufs von 48 Minuten nur in der Dynamik der Gruppe durchzusteheh ist, dann allerdings spektakuläre Wirkung gezeigt hat.
Für die individuelle Anwendung gibt es eine konzentrierte geführte Fassung von 12 Minuten.
Aber selbstverständlich kann PWU auch mit Timing und Intensität an die eigenen Bedürfnisse angepasst werden.

Was ein Warm-Up können soll

Da ist zunächst die Spurenbeseitigung: wenn Sie bei ihrem letzten Auftritt auch nur einen Fehler gemacht haben, wenn Sie auch nur einmal forciert haben und dekonstruktiver (Sebst)-Kritik ausgesetzt waren, hat ihr Körper Schutz- und Schonhaltungen aufgebaut, um sich vor weiterem Missbrauch zu schützen. Diese Muster müssen als erstes abgebaut werden.

Sie sollen eben gerade nicht da weitermachen, wo Sie aufgehört haben, und möglichst schnell wieder auf die „alte Schiene" gelangen, sondern dem Körper die Chance geben, alle Potentiale neu zu ordnen. Keine Angst: die bereits erworbenen Fertigkeiten gehen nicht verloren, Sie verlieren die „Form" nicht, sondern Sie bauen sie neu und besser auf. Und dann muss ein gutes Warm-Up „Arbeitsspannung" aufbauen. Ent-Spannung ist das Abbauen von Ver-Spannung und keineswegs der Zustand in dem man eine Höchstleistung erbringen kann. Ideal dafür ist „moderater Eustress" oder „kontrollierte Euphorie". Und genau das kann PWU.

* „Eustress" zeigt die Stress-Symptome in „homöopatischen Dosen", was aber durchaus noch problematisch sein kann. Ausfühliches dazu unter „Lampenfieber".

Die Anwendung

beginnen Sie vorsichtig mit dem Üben, es kann sonst zu einer „Erstverschlechterung" ihrer Probleme kommen.
Sie können PWU als Trainingseinheit benutzen, arbeiten Sie dann locker und „lustbetont", auch in den scheinbar negativen Phasen.

Sie können PWU als Testeinheit zur Kontrolle Ihrer FORM benutzen, arbeiten Sie dann „mit dem Mut der Verzweiflung".

Zur Erklärung:
Wenn Sie sich **indisponiert** fühlen, machen Sie ein intensives Warm-Up, solange Sie noch absagen können. Wenn Sie das Warm-Up als zu anstrengend empfinden und vor allem in der Endphase keine Energie aufbauen, sondern verlieren**, sagen Sie unbedingt ab!**

Wenn Sie das Warm-Up problemlos durchstehen, genügt dann vor der Performance die „individuelle" „Minimal"-Version" der Phasen.

Wenn Sie sich psychisch topfit finden, machen Sie
die Phasen 1 bis 4 und everntuell weiter 10 und 11

Wenn Sie sich psychisch dagegen sehr schlecht fühlen (Lampenfieber!), wiederholen Sie das „Wechselbad der Stimmungen", sogar mehrfach. Sie beweisen sich damit auch, **dass Sie ihre Befindlichkeit willentlich verändern können.**

Und üben Sie die Lampenfieberserien, solange Sie noch keines haben!!!

Das „physische Reset"

Befreien der Atmung

Jede Befindlichkeit, jede Tätigkeit, bewirkt spezielle Atemmuster-, die gespeichert werden. Sogar schon das Richten der Aufmerksamkeit auf ein neues Objekt verursacht eine Atemstop und jede Fehlleistung verursacht Hoch -und Flachatmung bis zur Atemblockade (Steinzeitprogramm: Totstellen bzw: "Unsichtbar machen"; auch vor der Attacke wird die Luft blockiert –(das ist in anderem Zusammenhang das „Stürzkissen"), und auch vor der Flucht wird, sozusagen als Überraschungsmanöver kurz „eingefroren").

Die Abhilfe:

"Chaotische" Atmung durch die Nase, der Mund bleibt geschlossen, (*bei verstopfter Nase zunächst durch den nur leicht geöffneten Mund schlürfend einatmen, die Zungenspitze liegt am oberen Gaumen an, und versuchen mit der "prustenden" Ausatmung und mit Schnäuzen die Nase frei zu bekommen.*)
"chaotisch" bedeutet hier, dass Tempo und Intensität der Atmung ständig verändert werden.
aktive Ausatmung, suggestiv "reaktive Einatmung",
Unterstützende Bewegungen des ganzen Körpers (Kontraktionen) bei der Ausatmung , - als sei der ganze Körper Atemorgan.

*Anm.: diese Atemform geht zwar „über den Bedarf des Körpers hinaus", was der Definition der WHO (Weltgesundheitsorg.) für die Hyperventilation entspricht, zeigt aber nicht deren Symptome. Aus zwei Gründen: die „unterstützenden Bewegungen des ganzen Körpers" bewirken eine vermehrte Durchblutung der bewegten

Muskulatur wodurch dann auch mehr CO_2 gebildet wird; außerdem nimmt man natürlich für diese Art der Ausatmung sozusagen einen kräftigen „Anlauf" in der Einatemphase, die **immer** die aktive Phase der Respiration ist, und deshalb ist auch nicht von „passiv" die Rede.

Wenn Schmerzen auftreten, "in den Schmerz hinein---und die Schmerzen hinaus--atmen." Die Schmerzen treten besonders im Nackenbereich, in der Zwischenrippenmuskulatur und im Unterbauch auf.

ACHTUNG: durch den „Nasenzyklus" schwellen die Nasenmuscheln abwechselnd rechts und links an und ab. Man vermutet, dass dieser Vorgang der Regeneration der Schleimhäute dient. Der Wechselrhythmus ist völlig individuell und kann auch bei derselben Person variieren. Man hat Zyklen von 20 min bis 14 Stunden gemessen. Die Nase ist also nur in der Übergangszeit gleichmäßig „offen", und es ist völlig kontraindiziert, das obstruierte Nasenloch durch Schnäuzen öffnen zu wollen. Das gilt auch besonders für die Anwendung von Nasensprays!

formelhafte Autosuggestionen und Visualisierungen

sich Luft schaffen

Dampf ablassen

den Überdruck loswerden

Überdruck loswerden

den Körper wie einen Blasebalg ausquetschen

ich werde geatmet

es atmet mich

2 Phase

Das Aufschütteln

Jedes Üben von Bewegungsabläufen, - damit ist alles vom Gehenlernen bis zum Klavierspielen gemeint, - erzeugt Muster. Bereits nach drei Wiederholungen versucht das "Betriebssystem" d.h., die Bereiche unseres Gehirns, die diese Vorgänge steuern, das muskuläre Zusammenspiel zu optimieren, und es „ein wenig anders" zu machen... nur dass es Tanzen und Singen eigentlich nicht im Programm hat. Die Abhilfe: „Recycling" des Materials

Schütteln von der Peripherie (Hände und Füße) ins Zentrum (Beckenbereich) und zurück.
Auch Unterkiefer und Zunge schütteln, dabei auch "die Stimme loslassen".
(die Zunge sollten Sie nur mit nach vorn hängendem Kopf völlig entspannen, da sie sonst die Atmung blockiert.)

formelhafte Autosuggestionen und Visualisierungen

die Fassung verlieren

Muster auflösen

die Kontrolle aufheben

3. Phase

Gähnen und Dehnen

Ein Muskel wird wirksam, indem er sich anspannen oder zusammenziehen (Kontraktion) und dabei Kraft ausüben kann. Nach dem Entspannen oder auch Erschlaffen (Relaxation) allerdings, wenn die anregenden Impulse aufhören, verharrt der Muskel ohne weiteres in seinem verkürzten Zustand, nicht im Stande, sich auf seine Ursprungslänge zurückzustrecken. Wieder ausgedehnt wird er entweder, indem ein sich kontrahierender Gegenspieler-Muskel ihn in den Ursprungszustand zieht, oder aber, indem eine äußere Zugkraft, oder auch die anderer elastischer Körpergewebe, wie z.B. der Lunge oder der Eingeweide, ihn zurückstreckt.

Obwohl inzwischen wissenschaftlich geklärt zu sein scheint, dass das Gähnen wohl fast nichts mit "Sauerstoffmangel im Gehirn" zu tun hat, lässt es sich perfekt als Atemform mit Strecken und Dehnen verbinden.
(Tatsächlich ist „Strecken" fast immer mit Gähnen verbunden, Gähnen aber nicht notwendigerweise mit Strecken.)
Die Dehnbewegungen in allen "Levels" machen, d.h. stehend, gebeugt, gehockt, liegend usw., in den "Stretch" hineingähnen, auf dem Höhepunkt der "Dehnspannung" mit einer stöhnenden Atmung kollabieren.

formelhafte Autosuggestionen und Visualisierungen

Platz für neue Energie schaffenden

4. Phase

Das Abschütteln

In Ergänzung zur der zweiten Phase soll jetzt das Material aufbereitet werden. Dazu werden suggestiv selbstkonditionierend alle Hemmungen und "Verspannungen" gelöst, alle Negativismen abgeschüttelt, und die Potentiale neu geordnet.

Alle erdenklichen Arten von Ab-Schüttelbewegungen, vor allem natürlich mit den Armen und Beinen, aber auch suggestiv aus allen Körperregionen nach draußen „schaufeln"

Instruieren Sie sich selbst, dass im Loslassen die Dinge ihren richtigen Platz finden.

ACHTUNG: keine Schleuder- und Stauchbewegungen des Kopfes und der Halswirbelsäule, kein "Nachfedern"

Wenn Sie sich psychisch eigentlich topfit fühlen, machen Sie diese Phase sehr emotionell und lassen dann das „Wechselbad der Stimmungen" aus. Machen Sie dann die Griffe der „Schnellregeneration" , und „Powergriffe"

Vorschläge für formelhafte Autosuggestionen und Visualisierungen

Ich schüttle alle Ängste ab

Ich werde alles Unnötige los

Ich schüttle sogar die Kontrolle ab

Emotionelles Warm-Up

Das Wechselbad der Stimmungen

Die folgenden Phasen beruhen auf einer verblüffenden Beobachtung. Gefühle und Befindlichkeiten haben offenbar ein relativ geringes Beharrungsvermögen.

Gefühle oder Befindlichkeiten , die karikiert oder in anderer Weise konterkariert werden, verlieren ihre Intensität und in fortschreitendem Maße ihre Qualität. Testen Sie selbst:

Sie können bester Laune sein, wenn Sie in ironischen Tonfall mehrfach wiederholen: „ich bin so froh, mir geht's so gut", und ähnliche Formulierungen, werden Sie feststellen, dass Sie sich nach kurzen Zeit fragen, wie, warum und inwiefern überhaupt es ihnen gut geht. Das Gefühl wird durch diese Technik „korrumpiert", es verzehrt sich sozusagen selbst. Und das funktioniert eben auch in der anderen Richtung. Wenn Sie die negativen Inhalte karikieren, können Sie einen drastischen Stimmungsumschwung erzielen. Sie „toppen" die negativen Gefühle, nicht durch Argumentation, sondern durch eine Ver-änderung der zugrunde liegenden Befindlichkeit.

Lassen Sie dafür den Körper noch einmal „unförmig" werden, spüren Sie nach, ob da irgendetwas schmerzt, stört, sich schlecht anfühlt und gehen Sie in das „ungute Gefühl" hinein, und dann gehen Sie zu Phase 5

Phase 5

Das Quälen und das Quengeln

Seufzen, stöhnen, weinen, quengeln Sie! Lassen Sie alles an Selbstzweifeln, Selbstmitleid, Selbstkritik und Selbstquälereien hochkommen und versuchen Sie von allem MEHR zu empfinden. Wo sitzen die Schmerzen? Mehr davon!

Sie können dabei ruhig fürchterlich „Theater spielen", es gibt keine unechten Gefühle!!!, - man kann sie nur falsch interpretieren!

und dann

6. Phase

In Wut geraten

geraten Sie in Wut, sammeln Sie all ihren Zorn, MEHR, MEHR, stampfen und boxen Sie , explodieren Sie förmlich vor negativer Energie. Dann zur

7. Phase

Das Umpolen, Aufbauen der positiven Aggression

nun wandeln Sie alles , was sie vorher an negativer Aggression aufbauen konnten, „selbstinstruktiv" in „positive Aggression" um. Projizieren Sie noch einmal all ihre Probleme nach draußen und jagen Sie sie in die Flucht. Schütteln Sie alles Negative ab, ABER behalten Sie die Energie bei sich!

8. Phase

Das Lachen

und auf dem Höhepunkt der Emotionen, wo Lachen und Weinen ganz nahe beieinander sind, beginnen Sie zu lachen, zunächst ruhig völlig hysterisch. Und lachen Sie... fast bis zum Platzen. (Auch hier ist Theaterspielen fast Pflicht), und wenn Sie vor Lachen außer Atem sind, nehmen Sie „ihren Körper in die Hand":

9.Phase

Das Wohlfühlen

Nehmen Sie sich selbst in die Arme. Fühlen Sie von Kopf bis Fuß in ihren Körper hinein, atmen Sie tief und lustvoll, machen Sie große Streich- und Streichelbewegungen, und verbalisieren Sie mehrfach suggestiv ihre Empfindung:

Ich fühle mich wohl

10.Phase, fakultativ

in Form bringen

Diese Phase benutzt die Elemente der Selbstbehandlung und Selbstkonditionierung, die auch in ähnlicher Form in den Serien "Schnellregeneration" und "FITMACHER" beschrieben werden, und ist in der langen Fassung eher als Teil der allgemeinen Körperarbeit zu empfehlen. (SEHR!)

Wenn das Warm-Up direkt als Vorbereitung für den Auftritt gemacht wird, empfiehlt es sich, die kurzen Formen zu wählen, weil sie dynamischer sind.

Sie können schnell und sehr energisch arbeiten , oder langsamer und lustbetont , spielen Sie Musik Ihrer Wahl.

Reiben Sie zunächst die Hände heiß.

Beginnen Sie dann am rechten Bein beidhändig eine kräftige Knet- und Streichmassage, lassen Sie die Muskeln „in der Hand arbeiten", indem Sie kleine Muskelkontraktionen machen.

(Wo da der einzelne Muskel ist, und was theoretisch seine Aufgabe ist, soll Sie hier überhaupt nicht kümmern).

Wenn Sie schmerzende Areale oder Punkte entdecken, verweilen Sie. Massieren Sie in die Tiefe, und versuchen Sie den Schmerz „aufzureiben", das kann in diesem Fall heißen, dass sie den Schmerz suggestiv verteilen, bis er unter der Schmerzgrenze liegt; aber vergessen Sie nie, dass sie mit dem „loving touch" arbeiten sollten, Schmerzen werden nicht durch Schmerzen beseitigt.

Und lassen Sie keine Körperzone aus!

formelhafte Autosuggestionen und
Visualisierungen

Ich ordne mich

Ich forme mich

Ich bin bei mir

Ich habe mich in der Hand

11. Phase

Poweratmung und Konditionieren

Unterstützen Sie nun die (geräuschlose!) Einatmung mit ausholenden, raumgreifenden Bewegungen des ganzen Körpers... Schaffen Sie sich nach allen Seiten Raum.

formelhafte Autosuggestionen und
Visualisierungen

Ich wachse über mich hinaus

Ich werde immer stärker

**Ich muss nur meinen eigenen
Ansprüchen genügen.
Niemand ist besser als ich, bestenfalls
anders.**

**falls Sie diese Formulierung für
vermessen halten..., seinen Sie NACH
dem Auftritt wieder sympathisch und
bescheiden**

Die Formeln zur selbstinstruktiven Konditionierung

Die Formeln zur Bestätigung und Verstärkung wie sie im PWU benutzt werden, unterscheiden sich grundsätzlich von den therapeutischen Suggestionen des Autogenen Trainings und der Hypnose.

Auch die „Selbsthypnose" nach Emil Coué und das „Autogene Training" nach I.H. Schultz gehen davon aus, dass über die wirksame Suggestion der totalen Entspannung oder des hypnotischen Schlafs ein Zustand der allgemein erhöhten Suggestibilität erreichbar wird. Bereits die einleitenden Phasen setzen ein „Geschehenlassen" voraus. Nach dem „Gesetz der umgewandelten Anstrengung" (Ch.Baudouin) bedeutet jedes „Wollen" ein Misslingen .

Die Situation, in der sich der in jeder Hinsicht passive „Patient" befindet, und in der nun die heilsamen Suggestionen und „posthypnotischen" Konditionierungen gegeben werden, könnte nicht verschiedener sein von der Stresssituation in der die Suggestionen dann wirksam sein sollen.

Dagegen sind die Formeln im PWU Formeln der Selbst-**instruktion** im „Jetzt und Hier".

Sie haben mehrfache Intention und Funktion:

Jede Phase soll „mit allen Mitteln" durchgeführt werden. Das bedeutet dass gleichzeitig Formeln mit völlig verschiedenen Inhalten benutzt werden sollen, z.B:
ich schüttle mich- ich sehe, wie ich geschüttelt werde- ich verliere die Haltung- ich verliere den Kopf- ich gerate aus dem Gleichgewicht- ich löse Blockaden- ich schüttle Zwänge

ab-...und dass sich alle Sinne daran beteiligen...und alle Emotionen zugelassen werden...

Diese „multimodale" Überforderung soll eine totale Absorption der Aufmerksamkeit bewirken.

KEINE CHANCE DEM NEGATIVEN DENKEN!

Auch nicht dem positiven!!, lassen Sie sich durch nichts ablenken, bleiben Sie ganz „in der Übung"!

PWU kurz, Trainingsanleitung zum Intensivprogramm

Im Prinzip ist diese Fassung in Absicht und Wirkung mit dem ausführlichen PWU identisch.

Noch einmal das Wesentliche:

Jede Tätigkeit schafft spezifische Atemmuster. Jedes Atemmuster geht mit einem Befindlichkeitsmuster einher, und jede Befindlichkeit modifiziert Denkmuster . Negative Denkmuster schaffen körperliche Störungen und Verspannungen, die ihrerseits wieder negative Aktionsmuster schaffen.

Was die Dinge oft plötzlich in einem völlig anderen Licht erscheinen lässt, ist weniger das Resultat logischen Denkens, sondern einer Veränderung der zu Grunde liegenden Befindlichkeit.

Angst und Stress blockieren den natürlichen dynamischen Atemzyklus, das verursacht eine Minderversorgung des gesamten Organismus mit Sauerstoff, was natürlich zu Leistungsabfall und damit wiederum zu Leistungs-Stress führt.

Dieser Teufelskreis wird durch PWU erfolgreich unterbrochen.

Loslassen bedeutet hier ENT-SORGEN, nicht Entspannen!

In den ersten **zwei Minuten** wird die Atmung von Blockaden befreit, genau wie in Phase 1 des ausführlichen PWU. Alle Erklärungen und Anweisungen gelten auch hier.

In den nächsten **zwei Minuten** wird das gesamte „Körper-material" energisch aufgeschüttelt und ebenfalls von „Schon- und Haltemustern" befreit.

Und dann beginnt das Wechselbad der Stimmungen, mit allen unter „Wechelbad der Stimmungen" beschriebenen Phasen in Kurzform.

Danach wird direkt „Fitmacher" oder „Schnellregeneration" ausgeführt.

Für diese Serie empfiehlt sich die audiogeführte Fassung auf CD ganz besonders. (In Kombination nach Wunsch mit anderen „Ritualen" bis 48'). Siehe Seite 100

Vocal Warm-Up

MOTTO: Das Wunder Stimme erschließt sich nicht durch (pseudo)-wissenschaftliche Theorien, sondern durch lustbetonte PRAXIS.

„Einstimmung"

Das „Stimmorgan" oder der „Stimmapparat"

Die Stimme ist entwicklungsgeschichtlich die faszinierendste Zweckentfremdung von anatomischen Komponenten, deren primäre Aufgabe die Erhaltung der vitalen Funktionen ist, nämlich Atmung und Ernährung. Da sich die „Wege" dieser beiden Systeme im Schlund, dem „truncus communis" -(der gemeinsame Stamm)- überschneiden, (was man eigentlich als Konstruktionsfehler bezeichnen könnte), ist ein kompliziertes System aus Segel (das Gaumensegel), Deckel (der Kehldeckel), Bändern (Stimmbänder und Taschenbänder) nötig, damit wir „nichts in den falschen Hals bekommen".

Während nun die Atmung,, zumindest in ihren grobmotorischen Komponenten, wahrgenommen und willkürlich beeinflusst werden kann, sind, - nach zweifelsfrei wissenschaftlicher Erkenntnis- , fast alle anderen für die Phonation relevanten Faktoren weitestgehend der bewussten Wahrnehmung entzogen: Die Feedback-Mechanismen, durch die das Gehirn lernt, akustische und feinmotorische Muster der menschlichen Stimmentwicklung in Einklang zu bringen, und darüber hinaus zuverlässig abrufbar zu machen, übersteigen alles, was der bewusste „Verstand" leisten kann.

Die wirksamen Komponenten

- Weitungsgrad und Füllungsgrad der einzelnen Lungen-
  lappen und der Lunge insgesamt
- Spannungsgrad und Position des Zwerchfells
- Position der Luftröhre und damit auch des Kehlkopfs
- Stärke des subglottischen Druckes und Fließgeschwin-
  digkeit der Luft
- Spannungsgrad der äußeren Kehlkopfmuskulatur
- Spannungsgrad der „Aufhängung" des Kehlkopfs
- Spannungsgrad und Wirkungsweise der inneren Kehlkopf-
  muskulaturen, insbesondere der Stimmbänder und der
  Taschenbänder
- Weitungsgrad des Schlundes
- Position der Zungenwurzel und der dorsalen (hinteren)
  Zungenpartie
- Position des Gaumensegels und des Zäpfchens
- FORM des Zungenkörpers, die das gesamte
  Klangspektrum bestimmt. Die Innervation (nervliche
  Steuerung) des dreidimensionalen Zungenkörpers ist bis
  heute nicht erschöpfend wissenschaftlich geklärt.

- Und dazu käme noch der „Nasenzyklus"* , der sogar bei HNO-Ärzten weitgehend unbekannt ist, bzw ignoriert wird.

Alle dieseFaktoren sind bei der Phonation **gleichzeitig** wirksam, und man kann sich einerseits unschwer vorstellen, dass so viele „Imponderabilien" das ideale Terrain für die fantasievollsten Vermutungen bieten... Es gibt kein wissenschafliches Verfahren, mit dem das Zusammenwirken all dieser Komponenten in Echtzeit wiedergeben werden kann, so dass „funktionale" Zusammenhänge jeglicher Art konstruierbar sind.

Die Kontrolle der Effizienz von „Stimm- und Sprechübungen" kann allein durch die Beurteilung des akustischen Resultats erfolgen.

(Die Forderung *„dass erst einmal das verantwortliche Muskelzusammenspiel geübt werden solle"* (u.a. Cornelius Reid), ist völlig absurd: im weitesten Sinne physiologische Muster können nur durch den adäquaten Gebrauch gebildet werden. Wir sind noch nicht einmal imstande, das „verantwortliche Muskelzusammenspiel" eines einzigen Schrittes bewusst zu steuern!)

Das Gros all dieser „Übungen" kann man unbedenklich unter „Beschäftigungstherapie mit doktrinärem Unsinn" (u.a. „Sprechtechnische Übungsverse") bis grober Unfug (u.a. „die Korkenübung oder „das Zungenstretching") einordnen.

Zur Sache

Dringend empfohlen: wenigstens ausführliche Handarbeit, wie in Teil 1 empfohlen, und eine individuell gestaltete persönliche Kurzfassung des „Professional Warm-Up". Erst dann

Das Wecken der Stimme

- Krümmen Sie die Zeigefinger und streichen Sie sanft von der Kinnspitze am Unterkiefer entlang über die Lymphknoten
- Massieren Sie rechts und links vom Kehlkopf zwischen Daumen und Zeigefinger die Muskulatur, gehen Sie dabei immer mit dem Kopf „der Hand entgegen"
- Verschieben Sie die Muskeln ein wenig
- Und während Sie nun den Kehlkopf weiter sanft massieren, beginnen Sie zu kauen und dabei ein wenig zu brummen.

SIE BRAUCHEN DAFÜR KEINE EXTRALUFT! „Luft" ist allenfalls beim Hochleistungsgesang, dem Spielen von Blasinstrumenten, vielleicht ja auch der Glasbläserei und dem Apnoetauche ein Thema!

- Umgreifen Sie den Daumen und massieren Sie nun sehr gründlich die Reflexzone des Kehlkopfs, die sich an der Innenseite des distalen Gelenks des Daumens befindet. (Also nicht das Grundgelenk).
- Beide Seiten. Und dann fassen und schütteln Sie die Daumen kräftig und spüren,- und suggerieren Sie,- wie Sie dadurch den Kehlkopf lockern. Lassen Sie zu, dass die Stimme „wackelt".

- Massieren Sie alle Schwimmhäute und brummen und summen Sie dabei.
  (empfohlen: „Die drei Ms"! = schmerzlich, neutral, wohlfühlend)

Nun setzen Sie fort mit der Massage und Pressur des „Lungenmeridians":

- Gehen Sie vom Daumen aus höher, suchen sie am gesamten Unterarm nach schmerzenden Stellen massieren Sie in die Tiefe und versuchen Sie dann den Schmerz „in die Hand zu nehmen" und wegzuschleudern, auch hier wieder „die 3 Ms" aber auch andere Konsonanten (m, n, ng ,w ,l,)
- Drücken und massieren Sie den höchsten Punkt des Bizeps
- Legen Sie ihren rechten Daumen auf ihr linkes Schlüsselbein und massieren Sie mit allen Fingern das Areal unter dem Schlüsselbein; dann dasselbe auf der anderen Seite.
- Nun streichen Sie mit den Fäusten sehr kräftig rechts und links vom Brustbein abwärst. Zunächst ohne Stimme; Abstrich ist Ausatmung, Aufstrich ist Einatmung. Und dann die Stimme immer beim Abstrich kommen lassen.
- Nun noch einmal eine „langsame Kaustimme". Suchen Sie „über innen" alle Kratzer, -dafür können Sie brummen, summen aber vor allem auch scharren oder schnurren, sogar knarren und knarzen, und massieren Sie „über außen" an den fraglichen Stellen, bis sich ein klarer Ton einstellt. (Das beruht auf „Selbstinstruktion"!) Zunächst in der engeren Indifferenzlage, und dann mit dem Ausdruck des Wohlgefühls in die erweiterten Indifferenzlage.

„Aufwärmübung" der Wahl für die Stimmbänder sind „Glissandi", das sind „geschmierte" Tonleitern, die eben keine Leitern mit Stufen sind, (und im Kunstgesang völlig verpönt), mit möglichst großem Umfang auf das getrillerte Zungenspitzen-R. Dabei werden die „Registerbrüche" d.h. die Übergänge zwischen verschiedenen Modi der Stimmbänder perfekt ausgeglichen.

Wahre Stimmhelfer sind alle „voratikulatorischen" stimmlichen Äußerungen wie Schluchzen, Weinen, etc. aber vor allem das LACHEN. Üben Sie zunächst mit geschlossenem Mund, das ist eine Kraftübung pas excellence, und dann mit allen Vokalen.
(Das kraftvolle Üben mit geschlossenem Mund widerlegt eklatant die „Exertenmeinung", dass mit der Nasenatmung „nicht die für die Phonation nötige Kompression" erzeugt werden könne.)

„Zungenbrecher" und „Schnellsprechverse" haben allenfalls „sportliche" Qualität. Es gibt keinen vernünftigen Grund die Artikulation mechanisch motorisch zu üben und das DENKEN auszuschalten. Was das Schnellsprechen angeht: das einzige Kriterium für die Geschwindigkeit bei der Kommunikation ist die Verarbeitungsgeschwindigkeit von akustischen Signalen, aber noch viel wesentlicher von INHALTEN. Möglichst schnell zu sprechen ist genau so albern und unkünstlerisch wie der Ehrgeiz ein Musikstück möglicht schnell zu spielen.

SPEZIELLE MASSAGE- UND DRUCKPUNKTE
FÜR ATEMWEGE UND STIMME

Während der gesamten Selbst-Behandlung beliebig Summen, Brummen, "Kaustimme", "Gibberish" („Unsinnsgeplapper") usw. aber nicht sprechen oder singen im Sinne einer bestimmten "Technik"!

DIE ABFOLGE:

An den Füßen alle Punkte für die Bereich Kopf, Hals, Bronchien, Lunge, gesamte Wirbelsäule, Sonnengeflecht:

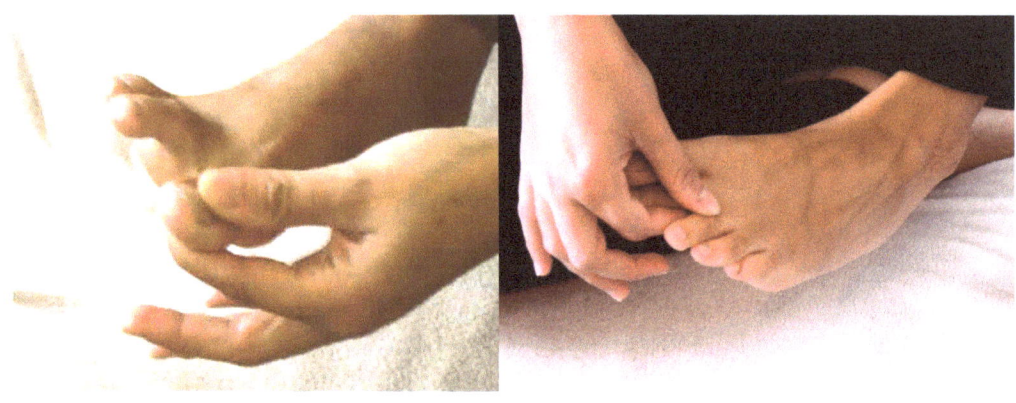

d.h. vor allem: ganze große Zehe, alle "Schwimmhäute", Bereich über den Zehenansätzen, innere Fußwölbung, auf der Mittellinie der Fußsohle zwischen den "Ballen" (der „Nierenpunkt") sehr effektiv mit dem „Igelball!

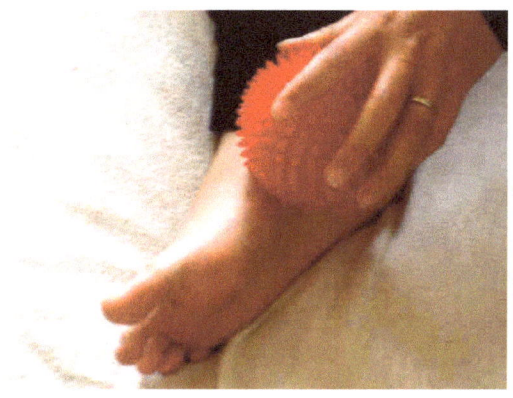 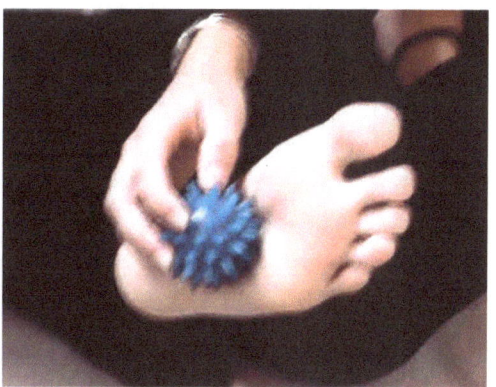

Gründliche Massage der Waden, und pressend die Innenseiten der Oberschenkel.

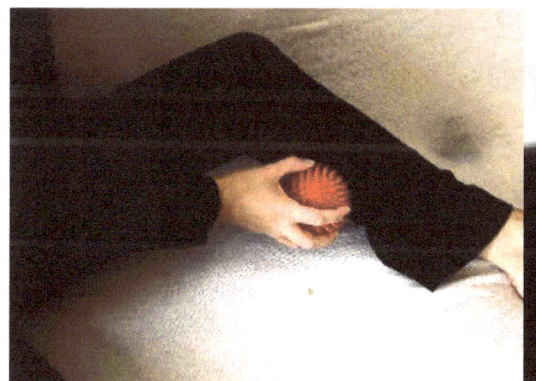 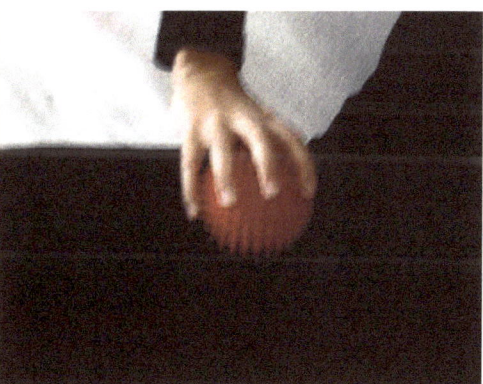

Vorderseiten der Achselhöhlen massieren ("IB"!!)
Region unter den Schlüsselbeinen durchmassieren ("IB")
alle schmerzenden Punkte auf beiden Seiten des
Brustbeins vibrierend massieren ("IB"!!)

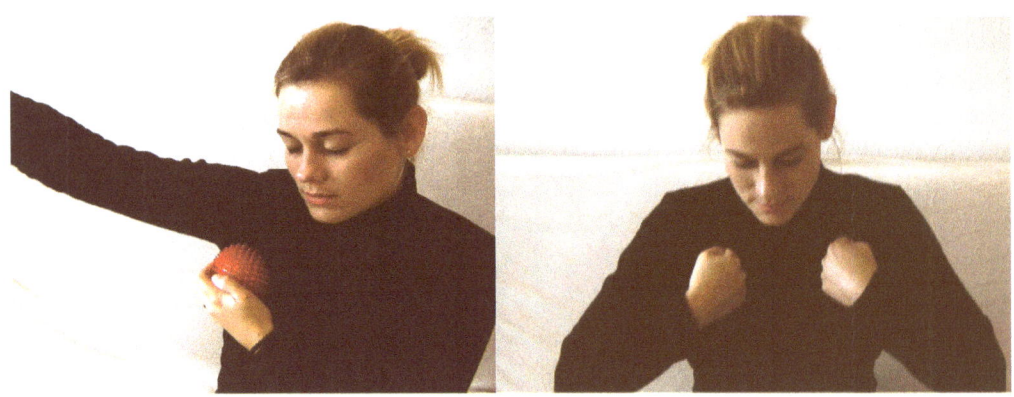

Bizepshöhe drücken und in die Tiefe massieren, dann
Unterarmmuskulatur gründlich massieren und kneten.

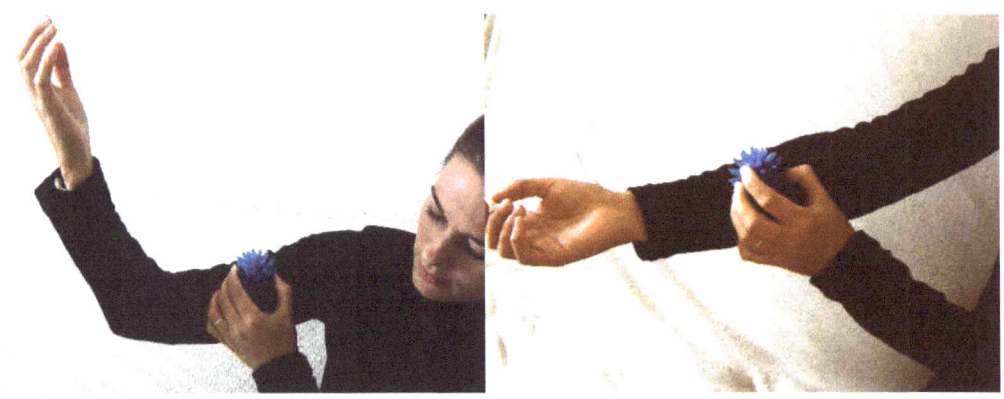

Druck auf die Außensite des Handgelenks, "Schwimmhaut" zwischen Daumen und Zeigefinger massieren, oder zusammenpressen und die entstehende Erhebung mit dem "IB" kreisend behandeln.

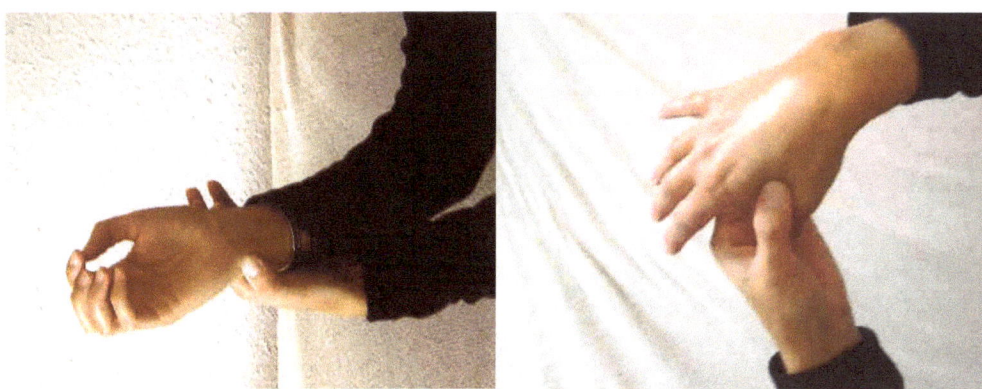

Kuppe des Zeigefingers und des Daumens auf beiden Seiten des Nagels pressen. In den Mundwinkeln kneifen über dem Kehlkopf vorsichtig rütteln.

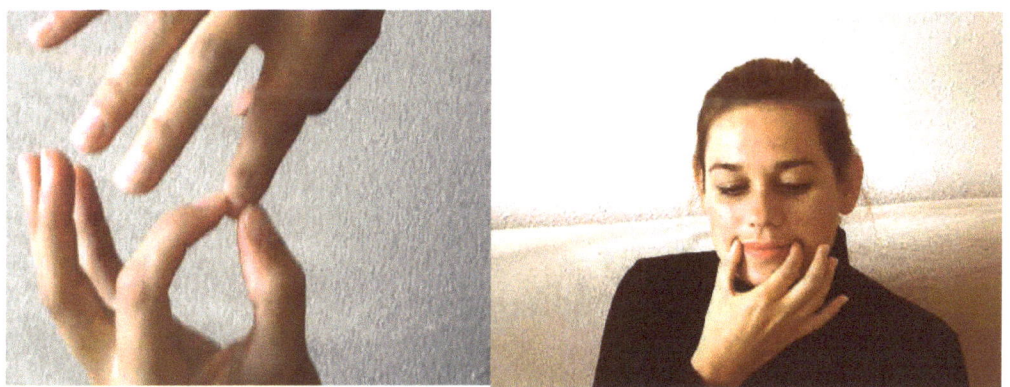

über dem ersten Brustwirbel hart pressen (Partner/In)

über dem zweiten Lendenwirbel hart pressen (Partner/In

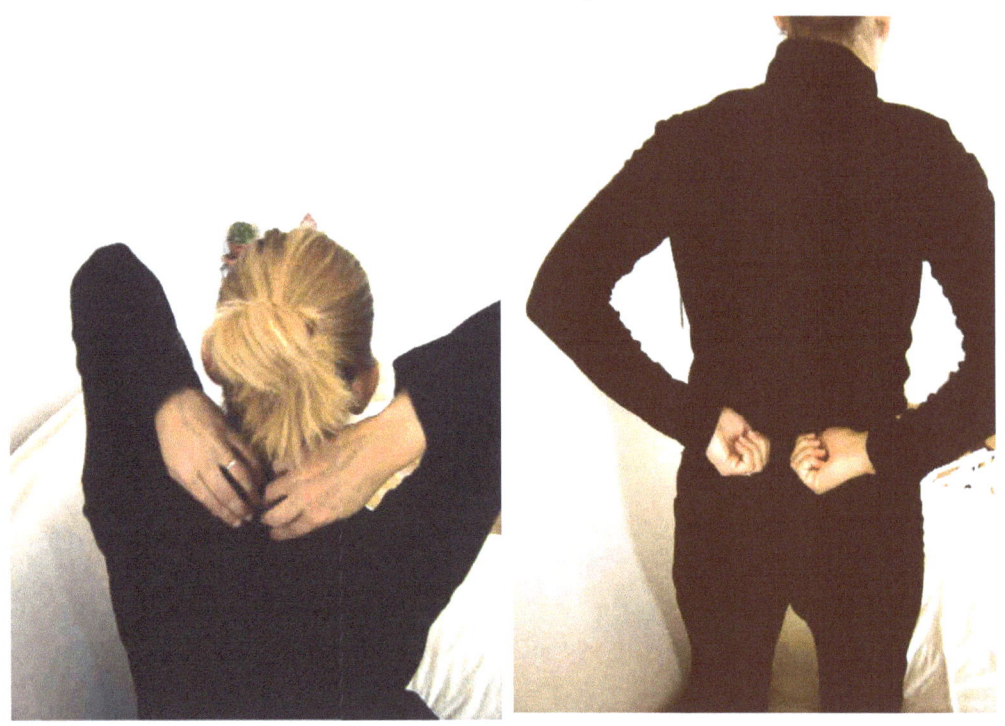

Fast alle Punkte können optimal auch mit einem Massagegerät und/oder mit dem hart eingestellten Duschkopf behandelt werden. Besonders wirksam ist ein Wechselbad an den Füßen und Waden, an den Unterarmen und Händen und am Beckenboden (Vorsicht, keine extremen Temperaturwechsel!)

Zwei Spezialgriffe bie Hustenreiz:

Linker Daumen in die Kuhle am oberen Ende des Brustbeins.
Alle Fingerspitzen der rechten Hand auf die große Schwimmhaut zwischen Daumen und Zeigefinger.

Noch wirksamer: an den Füßen, den Daumen unter den Großzehenballen und mit allen Fingespitzen harter Druck auf die Schwimmhaut zwischen großer Zehe und zweiter Zeheund den Zwischenraum zwischen den darüberliegenden Fußknochen.

und ergänzend:

Eistherapie

Dr. Menachem Ram vom Rothschildkrankenhaus in Haifa gilt als Vater der Eistherapie.

Aber die heilsame Beeinflussung des Körpers mit Wärme und Kälte ist so alt wie die Menschheit

Für die Stimme sind vor allem die Punkte an den großen Zehen heilsam. Ein Eiswürfel zwischen großer- und zweiter Zehe wirkt bei Heiserkeit und Entzündung. Sie können grundsätzlich alle Stimmepunkte auch mit Kälte behandeln: Kälte betäubt zunächst und regt dann an. (Wärme beruhigt)

Füllen Sie Eiswürfel in einen kleinen Plastiksack, bestens geeignet sind „Eiskugelbeutel", und unterkühlen Sie die großen Zehen. Am besten dann die Füße in eine große Plastiktüte, und dann den Körper gut warmhalten!

Auch alle schmerzenden Punkte am Hals können direkt behandelt werden.

Der kalte Halswickel ist nur empfehlenswert, wenn Sie strikte Bettruhe halten. Ein „Rundumwickel" unterkühlt auch die Halsschlagader und das führt unter Unständen zu einer Minderdurchblutung des Gehirns, wenn Sie dann aktiv sind, bekommen Sie scheußliche Kopfschmerzen !!!

Bei Schmerzen jeder Art können Sie die „Vitalpunkte" kühlen: Mitte der Oberlippe, Sonnengeflecht, „Hara" drei Fingerbreit unter dem Nabel und den Damm. Auch die „Katerpunkte", genau über der Mitte jeder Augebraue und mitten zwischen Brauen und Haaransatz. Die Stirn liebt es kalt, der Nacken warm.

Niemals die Halsschlagadern kühlen.

(Ein Eiswürfel in den Nacken stoppt sofort Nasenbluten!)

Lampenfieber verstehen

Ein heilsames Fieber?

Fieber soll in einem gewissen Grade heilsam sein, oder besser, bis zu einem gewissen Grad, was darüber ist, ist von Übel.

Lampenfieber dagegen zeigt ein ganzes Sammelsurium von Symptomen, weshalb es auch als Syndrom beschrieben wird, allerdings in der Regel ohne Fieber. Und eigentlich... aber davon später.

Lampenfieber beruht letztlich auf der Umkehrung des Sinnspruchs:
Der Mensch denkt, und Gott lenkt!
Die Umkehrung: Das Großhirn denkt, aber das Stammhirn lenkt!

Und da das Stammhirn in Bezug auf das Denkgehirns auf Spekulationen angewiesen ist, falls es überhaupt von dessen Existenz etwas ahnt, und sich in seine Kompetenz in Sachen Überleben nichts dreinreden lässt, stand der vom Jagdfieber erfasste Steinzeitler angesichts des Säbelzahntigers vor dem Trilemma: angreifen, fliehen oder tot stellen... und daran hat sich, abgesehen vom Aussterben des Tigers, wenig geändert.

Jede Situation, in der das Überleben im weitesten Sinn bedroht ist, setzt die bestens bekannten Reaktionen des Stress-Syndroms in Gang: zunächst werden durch Erhöhung der Schlagzahl des Herzens, durch Erhöhung des Blutdrucks und Beschleunigung und Vertiefung der Atmung alle Organe, die Angriff oder Flucht ermöglichen, vorrangig durchblutet, Die

Großhirnrinde gehört NICHT dazu, und das ist insofern plausibel, als zum Nachdenken keine Zeit bleibt, und deshalb Reflexe gefragt sind, die aber beim Homo Sapiens kläglich verkümmert sind , die Verdauung wird eingestellt, daher der trockene Mund, man sieht sogar besser (Tatsache!)...

Und wenn man keinen Ausweg mehr sieht, werden wahllos alle Überlebensreflexe mobilisiert: das ist der Kick, den der Bungeespringer sucht, und körpereigene Endomorphine, vulgo „Glückshormone", ausgeschüttet, - das Stammhirn hat de facto aufgegeben.

Kurioserweise ist das auch beim Lachen so: die Beine sacken weg, (der Totstellreflex, den übrigens auch das erwachsene Opossum praktiziert), man pinkelt in die Hose, (der Selbstaufgabereflex, den man auch noch bei jungen Hunden findet), der Körper bildet vermehrt Killerzellen, als habe er sich mit einer ansteckenden Krankheit auseinanderzusetzen ... (Ähnliches soll für das Singen gelten, dem deshalb eine „gesunde" Wirkung zugeschrieben wird.)

Da nun aber in „Prüfungssituationen" jeder Art alle „steinzeitlichen" Programme vom Cortex, der für das Denken verantwortlichen Großhirnrinde, gezwungenermaßen als inadäquat eingestuft werden, kommt es unweigerlich zum Konflikt, und die beiden kardinalen Missverständnisse bei der Bewältigung dieser Zwangslage sind, dass da mit Analyse oder Entspannung etwas auszurichten sei.

Aber zurück zu den Anfängen, ein Syndrom ist definiert als:

Gruppe von Krankheitszeichen, die für ein bestimmtes Krankheitsbild mit meist uneinheitlicher oder unbekannter Entstehungsursache oder -entwicklung charakteristisch ist.

Und genau das ist Lampenfieber NICHT.

Lampenfieber zeigt zunächst ganz bestimmte Symptome, die charakteristisch für das Überforderungssyndrom sind, **dessen Ursache bestens bekannt ist**. Darüber hinaus Mechanismen, die für die Auseinandersetzung des Körpers mit Störungen verschiedener Ursachen charakteristisch sind, nämlich den Versuch, die **Krankheitsursache** zu eliminieren, was einerseits die Ursache für Übelkeit mit Globusgefühl, (der Kloß im Hals") oder sogar Erbrechen einerseits, und andereseits für Durchfälle sein kann, oder zu „isolieren", was zu Schon-haltungen und Muskelhartspann führen kann.

Es gilt inzwischen als wissenschaftlich lückenlos belegt, dass die Steuermechanismen des Körpers keinen Unterschied zwischen realen und fiktiven Anlässen machen. Die virtuelle „Prüfungssituation" wird vom Körper im Sinn einer „Prüfung auf Leben und Tod" gewertet.

Zu den Missverständnissen:

Angst ist einer der wichtigsten Überlebensmechanismen und belegt damit die stärksten Potentiale. Es ist sinnlos, sie bekämpfen zu wollen.

Angst kann nicht durch „Entspannung" gemindert werden, denn sie ist keine „Verkrampfung"; .

Eine denkbar simple Überlegung: Stress-Symptome, die Liste ist bekannt, lassen sich natürlich dadurch beseitigen, dass man die Stressoren eliminiert. Aber genau das ist bei Prüfungen jeder Art nicht möglich... Also was kann man tun?

Völlig aussichtslos ist eine Therapie der einzelnen Symptome, z.B. den erhöhten Puls durch Beruhigungsmittel zu regeln, eine Ausnahme ist allenfalls das Trinken gegen das Globusgefühl (der Kloß im Hals)... Neben den im „Professional-Warm-up" entwickelten Langzeit-Techniken der Auflösung von negativen Mustern, - PWU kann als Testeinheit, Trainingseinheit und zur direkten Vorbereitung der „Prüfung" ausgeübt werden,- hat sich die Kombination von nur zwei Kurzprogrammen als erstaunlich wirksam erwiesen.

Nach einem intensiven körperlichen Warm-Up besteht die Technik einerseits darin, die negativen Energien aktiv selbstinstruktiv umzupolen, (Selbstinstruktion unterscheidet sich von der Autosuggestion dadurch, dass sie kein „Geschehenlassen" voraussetzt, sondern von der Intensität des Wollens abhängig ist.) Und andererseits die **Hauptursache** für die gefürchteten Ausfallerscheinungen des Lampenfiebers zu beseitigen:

die Blockaden in der Atmung

Jeder „Einfall" sogar schon das „Richten der Aufmerksamkeit" verursacht einen „Hab-Acht" –Atemstopp, **jede** Fehlleistung wird vom Körper mit Atemstopp und u.U. Schonhaltung bis zu Muskelhartspann oder scheinbarer Lähmung quittiert.

Facit?!

Durchbrechen Sie die „Panikstarre"! Geben Sie dem Herzen Sinnvolles zu tun! Wenden Sie aufwändige Bewegungsmuster an, die entsprechende Atemmuster bewirken.

Exkurs :

Herzschlag und Atmung

Tief durchatmen!

Ein Denkspiel als Selbst-Überzeugungsarbeit

Zur Erinnerung: die physiologisch „normale" Sequenz der Leistungssteigerungs bei Belastung besteht zunächst in einer Vertiefung, und dann in einer Beschleunigung der Atmung.
Erst dann beschleunigt das Herz und zuletzt erhöht es die Pumpleistung.

Die „virtuelle" Leitungssteigerung unter Stress, -und eben „Lampenfieber" dagegen, setzt den Mechanismus an der falschen Stelle in Gang. Man hat „Herzklopfen"... also wird beschleunigt Blut in die Lunge gepumpt, das aber durch die vermeintlich „beruhigende" Atmung nur unzureichend mit Sauerstoff gesättigt wird. Und das führt konsequenterweise auch zu einer Minderversorgung des Körperkreislauf, dessen anspruchvollster Sauerstoffkonsument das Gehirn ist. (Und genau das führt u.U. zu den Symptomen der „schleichenden Hyperventilation"...).

Ein Phänomen, das ziemlich nachdenklich machen könnte:
Die mentale Hochleistung der „Großhirnrinde" wird vom Stammhirn nicht unterstützt. Im Gegenteil zum Bewegungsapparat kann das Gehirn keine „Sauerstoffschuld" einfordern. Es ist von Gesamtzustand des Körperkreislaufs abhängig.
Das Mittel der Wahl um dem abzuhelfen ist Bewegung, und dann insbesondere das Lachen, das dem Stammhirn

bekanntlich nicht geheuer ist, und deshalb mit den bekannten Reaktionen auf Stress einhergeht.

Dass das willkürliche Verlangsamen der Atmung auch den Herzschlag verlangsamt, und man sich so „beruhigen" kann, ist ein verbreitetes Missverständnis.

Das können Sie testen:

Bringen Sie, z.B. mit Joggen, ihren Puls auf 130. Atmen Sie „automatisch" Halten Sie das eine Zeitlang durch. Dann atmen Sie „tief durch", während Sie weiter joggen. Ihr Puls wird sich nicht beruhigen, sondern Sie werden ganz im Gegenteil in Sauerstoffnot geraten.

Wenn Sie dagegen anhalten, wird sich der Puls natürlich beruhigen, weil das Herz viel weniger leisten muss. Das ist der Regelkreis, nicht das willkürliche Bremsen der Atmung. Die Gegenprobe: es wird Ihnen in Ruhe nicht gelingen ihren Puls allein durch Tachypnoe (Schnellatmung) wesentlich zu beschleunigen, und schon gar nicht durch angestrengtes Denken, - was eigentlich dringend angesagt wäre...

In schweren Fällen von fast panischem Lampenfieber ist die Aufforderung „tief durchzuatmen", sogar doppelt unsinnig:
Der „Kloß im Hals" (das Globusgefühl) und der „Knoten" im Sonnengeflecht bewirken, dass man „einfach nicht runter kommt", es kommt dann zu einer Art „obstruierten* Flachatmung", die die Sache noch schlimmer macht, denn dabei wird u.U. nur die Luft im „Totraum" ausgetauscht. (Als Totraum" werden alle Teile der Lunge bezeichnet, in denen KEIN Gasaustausch stattfindet.)
* obstruere= lat. behindern

Das Minutenwunder

Diese Übung ist die Essenz des gesamten Lamperfieber-Trainings

Vorbereitung, unbedingt notwendig!

1. Minimalübung:
   „Schnellregeneration" oder „Fitmacher" mit größter Intensität durchzuführen („mit dem Mut der Verzweiflung")

2. Minimalübung
   Kurzversion PWU mit Wechselbad der Stimmungen

ACHTUNG: beginnen Sie diese Übungen sehr vorsichtig, Sie handeln sich sonst einen Muskelkater in der Bauch- und Flankenmuskulatur ein.

Das negative „Sich Abkapseln", „Sich Zurückziehen", „Sich Verschließen", das „Sich verstecken wollen" wird durch die geballten Fäuste, (u.U. mit eingeschlossenem Daumen) suggeriert. (Diese Fausthaltung hat eindeutig eine Wirkung auf die Befindlichkeit, was man „psychotrop" nennt...)

● Mit diesen Fäusten, gesenktem Kopf und nach vorn zusammengekrümmten Körper, aber mit sehr kraftvollen Bewegungen der angewinkelten Arme, zunächst kurz durch die Nase schnell und intensiv atmen und dabei suggerieren, dass so die Energien im Körper „aufgewirbelt" werden.

Eine zunächst etwas schwierig zu realisierende Instruktion ist, dass man dabei "aus sich selbst" atmet, also keine neue Energie von außen nimmt. Dann durch extremen Einsatz der Ausatem-(Hilfs-)Muskulatur mit EINER Ausatmung völlig „leermachen". (Es dürfte bekannt sein, dass die „Residualluft" immer in der Lunge bleibt!)

DANN

- Nehmen Sie die gekrümmten Arme vor den gekrümmten Körper, senken Sie den Kopf und bedecken Sie Ihre Augen mit den , wie oben beschrieben, geballten Fäusten.

- Instruieren Sie sich, dass Sie so die negativen Element in Ihrem Körper besonders gut wahrnehmen. Nehmen Sie eine kleine Einatmung und blasen Sie das Negative nach draußen, einige Male.

- Dann heben Sie mit einer ganz langsamen Einatmung den Kopf, richten Sie die Wirbelsäule hoch auf, öffnen Sie Ihre Hände fächerförmig, nehmen Sie „die Aufhellung" wahr...

- öffnen Sie die Hände schalenförmig, lassen Sie „die Sonne ein"

Das übt sich besonders schön, wenn man tatsächlich durch die geschlossenen Lider das orangefarben Licht der Sonne sieht!

- Führen Sie Ihre Arme weit nach oben...

schon nach einem Durchgang werden Sie feststellen, dass Ihr „negatives Potential" erheblich an Intensität verloren hat.

Und dann

Die Sekundenübung

- Faustschluss, Kopf runter,

- EINE Einatmung, dann blasen Sie die Luft weg,

ABER NUN

Im Gegensatz zur Minutenübung :

- Halten Sie sich die Nase zu,

Sie nehmen sie dafür einfach zwischen die Fäuste, der Mund bleibt natürlich auch geschlossen,

- machen Sie intensive „ganzkörperliche" Ein- uns Ausatembewegungen **OHNE** zu atmen!

mit der Selbstinstruktion, dass sich so das Negative „verdünnt", nehmen Sie sich soviel Zeit wie sie können, ehe Sie das Negative wegblasen...

ACHTUNG: wenn Sie das zunächst einmal schaffen ist es schon gut, das ist Schwerstarbeit für die Atemmuskulatur,

UND GENAU DARUM GEHT ES

Die eigentliche Ursache für die katastrophalen Wirkungen des Lampenfiebers ist eine Unterversorgung des Gehirns durch Atemblockade. allerdings kann dazu auch der gegenteilige Mechanismus, nämlich die Hyperventilation führen!

- Zuletzt nehmen Sie etwas mehr Luft, dann krümmen Sie sich zusammen, setzen Sie die gesamte Ausatemmuskulatur ein, und jagen alles Negative aus dem Körper.

DANN:

- Pressen Sie den Mund zu, haben Sie auch in der Nase das Gefühl, dass Sie „kaum Luft bekommen", heben Sie den Kopf, strecken Sie die Wirbelsäule, öffnen Sie die Fäuste, führen Sie die Hände zum Rücken, Kontrollposition der Hände:
  Daumen auf dem Hüftkamm, Fingerspitzen an der Wirbelsäule.

- und dann ziehen Sie mit aller Kraft (WARNUNG SIEHE OBEN) die Luft zu den Flanken, haben Sie das Gefühl, dass sich dabei die Hände horizontal schalenförmig füllen.

diese Atemform zwingt Sie zur Tiefstatmung.

**Machen Sie sich völlig „leer im Hirn"
und lassen Sie „die Sonne rein".**Das Ganze dauert fünf bis zehn Sekunden !!!, oft genügt schon ein einziger Durchgang.

Was die Abrufbarkeit von auswendig gelernten Inhalten angeht*, gilt ein kurioses Phänomen, das von dem Psychologen Baudouin als „Gesetz der Umkehrung der Anstrengung" definiert wurde:

Gedanken* lassen sich nicht zwingen... aber sie „fallen ein", wenn man sich nicht mehr bemüht.

* das gilt für jede Art von mentaler Leistung.

Und nie vergessen: all das übt sich, solange man es

NICHT

braucht!

Die den Übungen zugrunde liegenden Therapieformen

Physischer Bereich

Segmenttherapie

Die Schulmedizin anerkennt die „Segmenttherapie", die auf den Forschungen des englischen Arztes Dr.Henry Head (1861-1940) beruht, weshalb auch von Head`schen Zonen gesprochen wird. Diese sind definierte Hautareale, in denen auf Grund des gegliederten Aufbaus des Körpers eine über das zugehörige Rückenmarkssegment laufende Querverbindung zwischen dem somatischen (= animalisches N-S, siehe Fachbezeichnungen) Nervensystem und dem vegetativen Nervensystem zugeordneter innerer Organe besteht. Eine Irritation eines inneren Organs kann über einen viszerokutanen Reflex (= vom Eingeweide zur Haut) eine Schmerzzone der Haut zur Folge haben. Das Therapieverfahren besteht in der Umkehrung dieses Reflex-geschehens.

Zonentherapie

Die Zonentherapie (heute: Reflexzonentherapie) geht auf den amerikanischen Arzt Dr. William Henry Hoppe Fitzgerald (1872-1942) zurück und wurde 1917 zum erstenmal vorgestellt. Fitzgerald teilt den menschlichen Körper von der Körpermitte ausgehend in 10 Längszonen von Kopf bis zu den Zehen ein, die Arme ebenfalls. (Der Daumen ist Zone 1, der Handrücken wird zur Vorderseite des Körpers gehörend angesehen) Diese Zonentheorie läßt dann durch eine Projektion des Körpers auf die Fußsohlen und Handflächen die den inneren Organen zugeordneten Areale bestimmen.

Akupuntur und Pressur der beschrieben Punkte.

(zur Begriffsverwirrung: „acu punctum" ist klassisches Latein und bedeutet der Nadelstich, d.h. „durch die Nadel= acus gestochen", dagegen kommt das deutsche Wort „der Punkt" tatsächlich vom Partizip Perfect „punktum" von pungere= stechen. Akupressur würde „mit der Nadel gedrückt" heißen. :-)

Akupunktur und Fingerdruckmassage wird nach den Regeln der chinesischen Medizin durchgeführt, wonach die inneren Organe über Punkte, die auf den Organ(funtionen) zugeordneten Leitbahnen, den sog. Meridianen liegen, durch Nadelung, Pressur oder auch Moxibustion (= verbrennen von „Moxa", das ist aus der Pflanze „Beifuß" hergestelltes Material) beeinflußt werden. Über diese Meridiane kann das „Chi", = die „feinstoffliche" Lebenkraft gesteuert werden. Die wirksamen Punkte weisen einen deutlich niedrigeren elektrischen Hautwiderstand als das umgebende Hautareal auf und haben einen Durchmesser von einem bis drei Millimeter.

Das Meridiansystem wird weder mit dem Nervensystem noch mit anderen erforschten Körpersystemen identifiziert. Der koreanische Arzt Dr. Bonhan Kim hat nach seiner Aussage ein tatsächliches physisches System entdeckt, das nach ihm benannte sog. Bohan-Gefäße und Bohan-körperchen aufweisen soll, seine Entdeckung konnte allerdings auch von ihm selbst nicht wieder nachgewiesen werden.

Shiatsu

dieser japanische Begriff, zusammengesetzt aus „shi" = Finger und „atsu" = Druck wird im international gebräuchlichen

Medizin-Englisch für jede Art von Fingerdruckmassage verwendet.

Der japanische Arzt Tokujiro Namikoshe beschreibt folgenden Wirkungsmechanismus: krankhafte Prozesse entstehen durch Veränderungen am Skelett, den Blutgefäßen und Nerven die durch unzulängliche Muskelfunktionen verursacht werden. Der Grund dafür ist der ungenügende Abbau des Stoffwechselproduktes Milchsäure in der Muskulatur. Shiatsu unterstützt gezielt den Abbauprodukte im Körper

Keiraku- und Tsubo- System

Dieses System des Japaners Dr. Katsusuke Serizawa stellt sich als eine klinische erprobte Synthese der chinesischen Meridianlehre und der japanischen Shiatsutradition dar. Dr. Serizawa vertritt die Auffassung, dass die komplexen Reflexphänomene des menschlichen Nervensystems für die Erklärung der Wirkungsweise dieser Behandlungsmethoden ausreichen.

Reiki

Dieser japanische Begriff ist eine Wortschöpfung des Mönchs und Arztes Mikao Usui und setzt sich zusammen aus „rei"=universale Energie und „ki"= persönliche Lebenskraft. Das System benutzt die Terminologie der indischen Tradition von Chakren (auch Chakras) = Energiezentren und Nadis = Energiekanäle und soll durch Handauflegen auf bestimmte Körperareale den Anschluß des („feinstofflichen") individuellen Energiestroms an die „universale Energie" bewirken. Der Wirkungsmechanismus sei hier eine Eigenschaft des „rei" selbst. Obwohl zur Ausübung dieses Systems „Einweihungen" durch einen Reikimeister gefordert werden, sei es hier als „esoterische" Variante der manuellen Beeinflussung erwähnt.

Mental / emotionaler Bereich

Autogenes Training nach Schulz

Selbsthypnose nach Coué

Silva Mind Control

ANHANG

Folgende „Rituale" und Trainingseinheiten stehen audiogeführt auf CD (bis 45 min.) ,oder auch als Download (bis 700 MB), zur Verfügung:

PWU-Professional Warm-Up,

Lernfassung................................. ,,,,,,,,,,,,,,,,,,,,,,,,,,,,,,...,28 min

Durchlauf, (nur bei Gruppendynamik sinnvoll)... ,,,,,,,,,,,,,,,,,,.33 min

Kurze Intensivfassung....................…..,,,,,,,,,,,,,,,,,,,,,. 11'13 min

speziell mit „9 min. Wechselbad der Stimmungen"

Schnellregeneration

Fassung nach Anstrengung

Einleitung.. . 2'09 min

Ausführung.....................................4'48 min

Fassung nach Meditation, Trance etc.

Einleitung.. 1'32 min

Ausführung............................... ...4'33 min

Progressive Schnellentspannung...................................6'05 min

Fitmacher („Für2")...................................….. 8'25 min

Die große Wellness-Serie................................... 15'28 min

weitere geführte Übungen und Meditationen

Hände erleben.....7'19 min

Tiefentspannung.. 9   min

Schildkröte und Adler .... 6'51 min

Körperreise, „Zu dir und zurück"............................. 12'35 min

Die CDs können auf Anfrage indivuduell gestaltet werden (48')).

Anfragen und Bestellungen unter eberhardstorz@gmail.com

in Vorbereitung

STIMME

Was stimmt denn da?

Ein Arbeits- und Lesebuch
für
StimmbenutzerInnen

Sinn und Absicht von „Stimme, was stimmt denn da" ist, Ihnen eine Art „Prüfstand" zur Verfügung zu stellen. Alle (Selbst)-Tests und Experimente sind für jede und jeden ohne jede „Vorkenntnisse" nachvollziehbar und dadurch auch „selbst-überzeugend".

Es geht mir nicht so sehr darum, heilige Kühe zu schlachten und goldene Kälber vom Sockel zu stoßen, aber doch darum, zu zeigen auf was für tönernen Füßen viele Lehrgebäude stehen, deren Essenz im Erfinden von selbsterfüllenden Prophezeiungen, im Lösen von selbsterfundenen Scheinproblemen, und in dem Üben von Übungen besteht, die nur sehr entfernt mit der Praxis zu tun haben.

Die Forderung an eine moderne adäquate, zielgerichtete Stimmschulung lassen sich denkbar einfach mit zwei Kriterien beschreiben:

die Stimme muss belastbar sein, und auch in Bewegung funktionieren, ohne aber von „funktionalen" Abhängigkeiten eingeschränkt zu werden, und die Stimme muss in der Kommunikation bewegen können, ohne selbst durch emotionale negative Muster eingeschränkt zu werden.

Und dafür gibt es, weit entfernt von „neuronalen Verschaltungen" völlig plausible Gebrauchsanweisungen, die für jeden ohne jede Dogmatisierung nachvollziehbar sind.

Leseprobe

Tauglich oder Untauglich, Anmerkungen eines Ketzers

In der Beurteilung von Straftaten kennt man vier Konstruktionen: den tauglichen Versuch am tauglichen Objekt, den untauglichen Versuch am untauglichen Objekt sowie den tauglichen am Untauglichen und den untauglichen am Tauglichen.

Ich behaupte nun, dass die Mehrheit der menschlichen Stimmbenutzer in hohem Maße so tauglich ist, dass selbst die untauglichsten pädagogischen Versuche zu positiven Ergebnissen führen können. Es ist gar nicht die vermeintliche Wirksamkeit der spezifischen „Übungen", sondern die subtilen Feedback-phänomene beim häufigeren und bewussteren GEBRAUCH.

Wenn nun aber das Resultat gar nicht die „Wirkung" der vermeintlichen „Ursache" ist, können selbst die abstrusesten Erklärungen zur „Lehrmeinung" werden. Und das ist in der Tat der Fall!.

WAS ZU BEWEISEN IST!

Zeitfracht Medien GmbH
Ferdinand-Jühlke-Straße 7
99095 Erfurt, Deutschland
produktsicherheit@kolibri360.de